D0937634

# LE SUBJONCTIF

# CHEZ LE MÊME ÉDITEUR

J. CELLARD, *Le subjonctif : comment l'écrire, quand l'employer ?* 3ᵉ édition.

J. CELLARD, *500 mots nouveaux définis et expliqués*. (Epuisé).

J. CELLARD, *Les 500 racines grecques et latines les plus importantes du vocabulaire français*. 1. *Racines grecques*. 2ᵉ édition.

J. CELLARD, *Les 500 racines grecques et latines les plus importantes du vocabulaire français*. 2. *Racines latines*. 2ᵉ édition.

J.-P. COLIGNON et P.-V. BERTHIER, *La pratique du style. Simplicité - précision - harmonie*. 2ᵉ édition.

J.-P. COLIGNON et P.-V. BERTHIER, *Pièges du langage 1. Barbarismes - Solécismes - Contresens - Pléonasmes*. (Epuisé).

J.-P. COLIGNON et P.-V. BERTHIER, *Pièges du langage 2. Homonymes - Paronymes - « Faux amis » - Singularité & Cⁱᵉ*. (Epuisé).

J.-P. COLIGNON, *Guide pratique des jeux littéraires*. (Epuisé).

J.-P. COLIGNON, *Savoir écrire, savoir téléphoner. Guide pratique de la correspondance et du téléphone*. 2ᵉ édition.

A. DOPPAGNE, *La bonne ponctuation : clarté, précision, efficacité de vos phrases*. 2ᵉ édition.

A. DOPPAGNE, *Les régionalismes du français*. (Epuisé).

A. DOPPAGNE, *Majuscules, abréviations, symboles et sigles*. (Epuisé).

A. DOPPAGNE, *Guide pratique de la publication. De la pensée à l'imprimé*. (Epuisé).

R. GODIVEAU, *1000 difficultés courantes du français parlé*. 2ᵉ édition.

M. GREVISSE, *Savoir accorder le participe passé. Règles - exercices - corrigés*. 4ᵉ édition.

M. GREVISSE, *Quelle préposition ?* 3ᵉ édition ;

M. LACARRA, *Les temps des verbes. Lesquels utiliser ? Comment les écrire ?* 2ᵉ édition.

J.-P. LAURENT, *Rédiger pour convaincre. 15 conseils pour une écriture efficace*. 2ᵉ édition.

H. BRIET, *Savoir accorder le verbe. Règles, exercices et corrigés*.

Jacques CELLARD

# LE
# SUBJONCTIF :

## comment l'écrire ?
## quand l'employer ?

TROISIÈME ÉDITION REVUE

DUCULOT

Toutes reproductions ou adaptations d'un extrait quelconque de ce livre
par quelque procédé que ce soit et notamment par photocopie ou microfilm,
réservées pour tous pays.

© Éditions DUCULOT, PARIS-GEMBLOUX (1983)
   (*Imprimé en Belgique sur les presses Duculot.*)

D. 1983, 0035.14

Dépôt légal : mars 1983

ISBN 2-8011-0433-7

(ISBN 2-8011-0201-6, 2ᵉ édition)

# INTRODUCTION

## Pourquoi le subjonctif?

Le maniement correct du subjonctif ne pose pas, à celles et ceux qui ont le français pour langue maternelle, les mêmes problèmes (et les mêmes cas de conscience) que l'accord des participes passés en langue écrite, ou la justesse des liaisons en langue parlée, par exemple. Ce mode du verbe est inséré si fortement et depuis si longtemps dans notre langue que, d'une façon générale, il nous vient aux lèvres et sous la plume quand il le faut et sous la forme qui convient.

Nous n'hésitons guère sur ces formes, si variées et presque anarchiques qu'elles nous apparaissent à travers les grammaires. C'est que, pour le plus grand nombre des verbes (du type CHANTER), le présent de l'indicatif et le présent du subjonctif se prononcent et s'écrivent de la même façon aux trois personnes du singulier, et à la troisième du pluriel (je, tu, il-elle, ils-elles), c'est-à-dire dans les neuf-dixièmes (à peu près) des cas de l'usage quotidien de la langue.

Quand nous disons: « Je crois qu'il *aime* ses parents, mais je ne pense pas qu'il *aime* son frère », nous ne nous soucions pas de savoir que le premier *aime* est un indicatif, le second un subjonctif. La simplification est d'importance!

Seules ont résisté à cet alignement la 1<sup>re</sup> et la 2<sup>e</sup> personne du pluriel (*nous, vous*). Elles ont conservé une « marque » simple et rigoureuse: un I, intercalé entre la « base » du verbe (CHANT-), et la marque de la personne (-ONS, -EZ): « Veux-tu que nous *chantions*? »

Cependant, il reste assez de verbes réfractaires à l'aligne-ment pour nous causer quelques tracas; d'autant que ces verbes ont une fréquence d'emploi élevée. Ce sont en pre-mier lieu ÊTRE et AVOIR, mais aussi VOULOIR, POU-VOIR, FAIRE, ALLER, VENIR, etc.

Cette grande fréquence nous a heureusement familiari-sés de bonne heure avec leurs formes: *soit, puisse, fasse, aille* etc. sont « naturels » à des francophones. Peu nombreuses sont celles qui nous obligent à recourir à une grammaire... ou à faire une faute. Que nous *essayons*? ou: Que nous *essayions*? Qu'il *aie*? ou: Qu'il *ait*? Ou même, piège dans lequel sont tombés bien des adultes instruits: Je ne crois pas qu'il *est* lu ce livre (pour: qu'il *ait*), ou: Je pense que ce livre *ait* lu par beaucoup de gens (pour: *est* lu).

C'est à une meilleure connaissance pratique des **formes** du subjonctif qu'est consacrée la première partie de ce guide.

Quant aux **emplois** du subjonctif, il n'est pas excessif de dire qu'ils sont davantage déterminés par notre instinct de la langue que par des règles formelles. Les hésitations que nous avons de temps à autre entre l'indicatif et le subjonctif dans telle ou telle configuration particulière de la phrase (je suppose qu'il *vienne*, ou: qu'il *vient* demain) reflètent le plus souvent la possibilité d'employer l'un ou l'autre sans incorrection, pour rendre une nuance plus fine de notre pensée.

Il y a bien une constante dans ces emplois: l'annonce du subjonctif par QUE. Mais on ne peut guère s'y fier aveuglément. D'une part, le même QUE peut précéder un indicatif. Entre deux phrases voisines telles que: Vous souhaitez QUE nous vous *écrivions* à ce sujet, et: Vous nous écrivez QUE vous *souhaitez* rencontrer M. X..., l'analyse dira bien pourquoi le même (?) QUE précède un subjonctif dans le premier cas, un indicatif dans le second. Mais s'il fallait tout analyser, nous n'écririons jamais; mieux vaut acquérir des réflexes simples, et c'est l'un des buts que se propose ce petit livre.

D'autre part, des emplois assez fréquents (et très corrects) du subjonctif ne sont pas précédés de QUE. Ainsi: Il n'y a que M. X... qui *puisse* nous tirer d'affaire. Ou encore: M. Y... est le dernier qui *sache* la vérité sur cette affaire, etc.

C'est à ces **emplois** que sera consacrée la seconde partie de ce guide, la plus importante.

Nous l'avons voulu avant tout clair et simple, en un mot pratique, dans l'esprit de cette collection. Nous n'avions pas, en l'écrivant, à chercher la difficulté ou la rareté pour le plaisir d'apporter une contribution plus ou moins originale à cette « théorie du subjonctif » qui reste, dans l'absolu, un sujet d'étude passionnant. Il n'a, à cet égard, aucune prétention linguistique ni littéraire.

Il s'efforce de répondre avec réalisme à des difficultés réelles. C'est pourquoi, à des citations littéraires et à l'autorité des écrivains, nous avons préféré un système d'exemples certainement moins variés et moins brillants, mais pris dans la réalité du travail quotidien; des phrases simples et concrètes, telles que la secrétaire, le rédacteur (ou la rédactrice) de textes administratifs, le ou la journaliste, etc. etc., en rencontrent chaque jour dans leur fonction.

C'est aussi, et presque d'abord, aux étudiant(e)s du français comme langue étrangère que nous avons pensé tout au long de sa rédaction. Nous savons par expérience que les considérations les plus subtiles sur la « valeur » (de doute, de souhait, etc.) du subjonctif leur sont moins utiles que ce qu'il ne faut pas avoir honte de nommer des « recettes ».

Le plan de ce petit manuel, fait comme ses cousins de la même collection pour être souvent consulté plutôt que lu une fois, s'inspire directement de cette volonté d'efficacité.

On verra que nous avons rejeté dans une sorte d'appendice les problèmes posés par l'emploi de l'imparfait du subjonctif, en limitant nos conseils aux quelques cas dans lesquels cet emploi (et celui du plus-que-parfait) est vraiment exigé par l'usage écrit actuel. Le lecteur désireux d'appliquer strictement les « règles » quelque peu désuètes de la concordance des temps (pour autant que ces règles existent véritablement), se reportera avec fruit à des ouvrages plus importants, et en tout premier lieu au « *Bon Usage* » de M. Maurice Grevisse, 10e édition, pages 1212 à 1223.

En revanche, nous n'avons pas hésité à nous répéter chaque fois qu'une simplification excessive aurait abouti, en fait, à laisser dans l'ombre les difficultés qu'il s'agissait de résoudre. Nous avons volontairement multiplié les phrases-exemples, de façon, espérons-nous, à provoquer chez notre lecteur un ensemble de réflexes linguistiques qui lui permette bientôt de ne plus consulter ce guide. La règle d'or de toute pédagogie n'est-elle pas de viser à se rendre inutile?

# PREMIÈRE PARTIE

# LES FORMES

Par « formes » du subjonctif, nous entendons essentielle-
ment les *finales* des six personnes du singulier et du pluriel.
En effet, avant d'être écrit, un verbe sur lequel nous hésitons
est toujours « dit » intérieurement. Il nous a donc paru
inutile de répéter qu'un certain nombre de verbes très usuels
ont, au subjonctif (présent), une forme très particulière:
pouvoir/puisse, falloir/faille, venir/vienne, savoir/sache, etc.,
etc.

Ces explications sont en fait données à travers les six à
sept cents phrases-exemples de ce manuel. Toutes ces phrases-
exemples présentent un subjonctif *différent* par la forme
de l'indicatif de même temps et de même personne; si bien
que ces formes sont passées en revue sans cesse, avec beaucoup plus d'efficacité, croyons-nous, que si elles étaient pré-
sentées dans de fastidieux « tableaux » de conjugaisons.

Nous étudierons successivement, comme le veut la tradition scolaire, les 1ʳᵉ, 2ᵉ et 3ᵉ personnes du singulier, puis
celles du pluriel. Nous ferons remarquer cependant qu'il
serait plus logique de faire étudier en même temps la
3ᵉ personne du singulier (la plus fréquente) et la 1ʳᵉ, qui
sont souvent semblables (que je vienne/qu'elle vienne, que je
croie/qu'on croie etc.), puis la 2ᵉ, qui n'en diffère que par un
S final (que tu viennes/que tu croies), et la 3ᵉ du pluriel, qui
n'en diffère que par le NT final (qu'ils viennent/qu'ils
croient), enfin seulement les 2ᵉ, 1ʳᵉ et 2ᵉ personnes du pluriel, dont la « structure » est toute différente.

L'enseignant de français en particulier, aura avantage à regrouper les quatre personnes *homophones* (que je croie, que tu croies, qu'il croie, qu'ils croient) d'une part, les deux personnes « aberrantes » (que nous croyions, que vous croyiez) d'autre part.

**1. Au présent et à la 1<sup>re</sup> personne du singulier,** tous les verbes présentent la finale E.

— *Désirez-vous que j'*aie *terminé ce travail bientôt?*
— *Il est urgent que je* revoie *ce texte.*
— *Est-il opportun que je* conclue *cette affaire?*
— *Il faut que j'*étudie *sérieusement ce dossier.*

**2.** Seul le verbe ÊTRE, avec une finale S, fait exception à cette règle.

— *Estimez-vous que je* sois *compétent à ce sujet?*
— *Il est regrettable que je* sois *retenu à Bruxelles.*

**3. À la 2<sup>e</sup> personne du singulier,** tous les verbes présentent la finale S.

— *Il est important que tu* aies *confiance en nous.*
— *Je souhaite vivement que tu* sois *satisfait de ce contact.*
— *M. N... ne pense pas que tu* voies *bien la situation.*
— *Il n'est guère possible que tu* exclues *M. N...*

**4. À la 3<sup>e</sup> personne du singulier,** tous les verbes, à l'exception de AVOIR et de ÊTRE, présentent la finale E.

— *Que M. N...* fasse *pour le mieux!*
— *Nous regrettons qu'il* veuille *mettre fin à cet essai.*

— *Croyez-vous que M<sup>lle</sup> N... revienne bientôt?*

— *Nous déplorons que cette entente* exclue *notre société du marché.*

— *M. N... est le seul qui* croie *encore au succès.*

— AVOIR et ÊTRE présentent la finale T.

— *Nous ne croyons pas que la Société N...* ait *connaissance de ce procédé.*

— *Nous serions heureux que cette solution* soit *retenue.*

— *Je crains qu'il ne* soit *bien tard pour cela.*

**5.** Quand y a-t-il un risque de confusion entre le présent de l'indicatif et celui du subjonctif, aux trois personnes du singulier?

Pour tous les verbes réguliers dont l'infinitif se termine en ER, ce risque est nul: les trois personnes sont homophones (elles se prononcent de la même façon) et homographes (elles s'écrivent de la même façon): elle écoute/qu'elle écoute, tu parles/que tu parles, etc.

Pour un grand nombre de verbes irréguliers, le subjonctif se forme sur un radical modifié: DEVOIR (que je *doive*), POUVOIR (que je *puisse*), SAVOIR (que je *sache*), VOULOIR (que je *veuille*); ALLER (que j'*aille*), FAIRE (que je *fasse*), VENIR (que je *vienne*), etc.

Mais, pour un certain nombre de verbes dont l'infinitif se termine en IR ou RE, les trois personnes du singulier sont *homophones*, mais non *homographes* aux deux présents, celui de l'indicatif et celui du subjonctif. D'où un risque de confusion. C'est le cas en particulier pour :

— MOURIR:

   — *Dans le film, je crois que le héros* meurt *vers la fin.*
   — *Je suis fâché avec lui, mais je ne désire pas qu'il* meure.

   — COURIR, parcourir, recourir; RIRE et sourire; CROIRE:

   — *Si tu* parcours *ce dossier, remets-le à sa place.*
   — *J'aimerais bien que tu* parcoures *ce dossier.*
   — *Notre Société ne* recourt *qu'exceptionnellement à ce genre de procédure.*
   — *Il est exclu que notre Société* recourre *à une telle procédure.*
   — *Je me demande ce qu'il* croit *vraiment.*
   — *Je ne voudrais pas qu'il* croie *avoir gagné.*

   — VOIR, revoir, prévoir, pourvoir:

   — *Notre représentant* prévoit *une forte demande sur cet article.*
   — *Il serait bon que monsieur N...* prévoie *l'accueil de nos invités.*
   — *Il me semble que j'y* vois *plus clair.*
   — *La Direction désire que je* voie *monsieur N... sans retard.*

   — Et pour quelques verbes moins usuels, comme: FUIR, s'enfuir; ACQUÉRIR, conquérir; CONCLURE, exclure, inclure:

   — *Le robinet des toilettes* fuit *depuis ce matin.*
   — *Il ne faut pas qu'un représentant* fuie *devant la difficulté.*
   — *Si la Société X...* acquiert *ce brevet, c'est pour l'exploiter directement.*

—*Il serait surprenant que la Société N...* acquière *ce brevet si elle n'a pas l'intention de l'exploiter.*

— *L'orateur* conclut *alors son exposé sur ces mots.*

— *L'assistance désire visiblement que l'orateur* conclue *son exposé.*

— *Dans ce cas, j'*exclus *toute possibilité d'entente.*

— *Ne croyez pas que j'*exclue *toute possibilité d'entente.*

Toutefois, l'indicatif pouvant se rencontrer derrière « ne pas croire que » (cf. § 75), on trouvera également :

— *Ne croyez pas que j'*exclus *toute possibilité d'entente.*

REMARQUE. Le moyen le plus simple d'éviter des fautes d'orthographe à l'occasion de ces verbes, est de remplacer mentalement le verbe « dangereux » par un verbe usuel dont le subjonctif soit très différent du présent de l'indicatif. Par exemple, par *faire* (il fait, qu'il fasse), *venir* (il vient, qu'il vienne), *aller*, etc.

**6. À la 1ʳᵉ personne du pluriel** (*nous*), tous les verbes présentent en principe la finale IONS.

— *Il est temps que nous* concluions *cet entretien.*

— *M. N... désire que nous* allions *à sa rencontre.*

**7. À la 2ᵉ personne du pluriel** (*vous*), tous les verbes présentent en principe la finale IEZ.

— *Le contrat sera signé, que vous* acceptiez *ce chiffre ou que vous* préfériez *vous en tenir aux offres antérieures.*

— *Il est de notre intérêt que vous* répondiez *favorablement aux propositions de M. N...*

**8.** Par exception à cette règle, l'usage actuel est que AVOIR et ÊTRE ne conservent pas le I du subjonctif derrière les bases AY- et SOY-.

— *Il se peut que nous* ayons *sous-estimé les conséquences de cette grève.*

— *Notre Société ne croit pas que vous* ayez *intérêt à poursuivre ces négociations.*

— *Monsieur N... craint que vous (ne)* soyez *déçu par cet essai.*

— *Il attendra que nous* soyons *revenus à Lyon pour nous entretenir de cette affaire.*

**9.** Toutefois, le maintien du ı derrière AY- et SOY- n'est pas une faute. Les formes: (que nous) *ayions*, (que vous) *ayiez*, (que nous) *soyions*, (que vous) *soyiez*, sont encore employées par d'excellents écrivains.

On doit donc considérer comme correctes les phrases suivantes ou d'autres du même type:

— *Bien que vous n'*ayiez *pas renouvelé votre demande, nous considérons qu'elle est toujours recevable.*

— *M. N... prolongera son séjour à Lille pour que nous* ayions *la possibilité de le rencontrer.*

— *Il est inacceptable que nous ne* soyions *pas informés de ces pourparlers.*

— *Je suis surpris que vous ne* soyiez *pas promu à ce poste.*

**10.** L'orthographe simplifiée *ayons, ayez/soyons, soyez,* a pour elle, de façon générale, l'usage et l'autorité des dictionnaires. C'est donc elle qu'il faut employer dans les textes courants, sans recherche littéraire.

**11.** En dehors de ces cas, les finales IONS, IEZ du subjonctif doivent apparaître même si le I se confond à la prononciation avec le I ou le Y de la finale d'une base verbale.

Cette règle s'applique en particulier :

— aux verbes qui se terminent à l'infinitif par IER : confier, copier, expédier, lier, oublier, certifier, vérifier, qualifier, etc. etc.

— aux verbes qui se terminent à l'infinitif par YER : appuyer, essayer, payer, noyer, envoyer, etc. etc.

Les formes suivantes, données à titre d'exemples, sont donc seules correctes :

— *Je serais heureux que vous* expédiiez *cette affaire dans les meilleurs délais.*

— *Monsieur N... désire que nous* oubliions *cet incident.*

— *Il est indispensable que vous* certifiiez *cette expertise.*

— *Est-il normal que nous* payions *un prix aussi élevé pour ce brevet ?*

— *Notre Société regrette que vous n'*appuyiez *pas davantage ses efforts.*

— *La Société N... désire que nous* essayions *ce modèle avant de fixer notre choix.*

**12. À la 3ᵉ personne du pluriel,** tous les verbes présentent la finale ENT.

— *Vous contestez que ces marchandises* soient *conformes à l'échantillon.*

— *Je doute qu'ils* aient *l'occasion de nous rencontrer.*

— *Il serait étonnant que nos vendeurs* aillent *se renseigner auprès de nos concurrents.*

— *Il est nécessaire que nos employés* connaissent *la situation de l'entreprise.*

— *Nous regrettons que les plans ne* prévoient *pas cette possibilité.*

DEUXIÈME PARTIE

# LES EMPLOIS

Les phrases qui exigent ou admettent un subjonctif se répartissent, quant à leur construction, en quatre groupes d'importance très inégale:

1. Le verbe n'est pas précédé de QUE, QU', ni d'un pronom (QUI, QUOI). Voir § **13**.

2. Le verbe est précédé de QUE, QU'.

a) — La phrase ou partie de phrase dans laquelle entre le subjonctif, est autonome: elle ne dépend pas immédiatement d'une autre partie de phrase, § **15** à **20**.

b) — La partie de phrase introduite par QUE dépend d'un autre verbe (ou locution verbale), § **21** à **89**.

c) — Le verbe est précédé de QUI ou QUE (pronoms), LEQUEL, AUQUEL, DUQUEL, etc. § **90** à **94**.

## LE SUBJONCTIF EN PROPOSITION AUTONOME

**13.** Il est exceptionnel qu'un verbe au subjonctif ne soit pas précédé de QUE.

— Puissé-*je* (puisses-*tu*, puisse-*t-il*, puisse-*t-elle*, *etc.*) *trouver le bonheur!*

— Fasse *le Ciel qu'il m'écoute!*

— Advienne *que pourra!*

REMARQUE. Ces constructions figées sont peu utilisées.

— *Veuillez* agréer... *Veuillez* nous faire part de... sont des impératifs empruntant une ancienne forme du subjonctif.

**14.** Qu'il s'agisse du nombre de constructions possibles, ou de la fréquence d'emploi de ces constructions, la présence du subjonctif dans la phrase française est, neuf fois sur dix, annoncée et amenée par la conjonction QUE, QU' (devant voyelle). Aucun classement de ces très nombreuses constructions n'est entièrement satisfaisant.

Cependant, en allant du simple au complexe, nous constaterons que le verbe sur lequel porte notre hésitation (indicatif? ou subjonctif?) dispose de plus ou moins d'indépendance à l'égard du reste de la phrase. Il peut, entouré bien entendu de mots autres qu'un verbe, constituer une phrase complète à lui seul:

— *Moi, héron, que je* fasse *une si pauvre chère?*

Il peut aussi, et c'est de beaucoup le cas le plus fréquent, exister un lien de subordination entre la sous-phrase à verbe subjonctif ou indicatif, et un verbe (ou une location verbale) « recteur » (rectrice), c'est-à-dire dont le sens entraîne nécessairement (ou interdit) le subjonctif:

— *Je veux / qu'il* vienne.

— *Monsieur N... est sorti sans parapluie / bien qu'il* pleuve *à verse.*

Ce sont ces différentes « configurations » que nous passerons successivement en revue.

**15.** En tête de phrase, QUE, QU', entraînent le subjonctif dans des exclamations interrogatives marquant l'étonnement, l'indignation, le refus, etc. :

— *Que vous* preniez *vos vacances maintenant? Pas question!*

— *Moi, que j'*aille *trouver ce monsieur? Certainement pas!*

L'ordre ou l'interdiction :

— *Que personne ne* sorte! *Qu'on me* comprenne *bien!*

— *Qu'il vous* suffise *de savoir que monsieur N... n'a commis aucune faute.*

Le souhait :

— *Qu'on* sache *bien que je ne céderai pas.*

— *Que monsieur N... nous* écrive *à ce sujet.*

— *Qu'il* soumette *son projet à notre bureau d'études.*

REMARQUE. Ces constructions ne sont usuelles qu'avec un sujet de la 3e personne (il(s), elle(s), nom).

**16.** Dans la formule figée : QUE JE SACHE. Cet emploi restrictif (« dans la mesure où je sais, où je suis informé à ce sujet ») est exceptionnel, et vieilli aux autres personnes (tu, il, nous, etc.).

**17.** Dans l'énoncé d'une (ou plus d'une) hypothèse, pour signifier l'éventualité, la condition, le choix.

— *Que votre Société s'en* tienne *à ses offres précédentes, ou qu'elle* revienne *sur nos conventions, nous poursuivrons l'étude de ce projet.*

—*Que vous* conserviez *cet appareil, ou que vous le* remplaciez *par un modèle nouveau, notre service après-vente reste à votre disposition.*

— *Qu'il* reste *ou qu'il* parte, *qu'il* ait *raison ou qu'il* ait *tort, je ne veux plus entendre parler de ce monsieur.*

**18.** Derrière QUOI, pour marquer qu'une éventualité est indifférente.

— *Quoi qu'il* fasse, *monsieur N... conservera notre estime.*

— *Quoi que vous* entrepreniez *à cet égard, veuillez nous en tenir informés.*

— *Quoi que vous en* disiez, *la situation de cette Société n'est pas des plus prospères.*

REMARQUE. Ne confondez pas QUOI QUE, et QUOI-QUE (quoi qu' et quoiqu'). Le premier (en deux mots) marque l'indifférence à l'égard d'une éventualité; le second (en un mot) équivaut à: bien que... malgré que... et entraîne également le subjonctif.

— Quoi que *vous* ayez *décidé, nos rapports resteront excellents.*

— Quoique *vous* ayez *décidé d'annuler votre commande, nos rapports resteront excellents.*

**19.** Derrière QUI et OÙ, avec la même signification.

— *Qui que vous* soyez, *soyez le bienvenu.*

— *Où que vous* alliez, *notre cœur vous suivra.*

— *D'où que vous* veniez, *vous n'êtes pas un étranger.*
— *Qui que vous* rencontriez, *tendez-lui la main.*

**20.** Avec le verbe ÊTRE, uniquement derrière QUEL (quelle, quels, quelles).

— *Quel que* soit *votre problème, nous saurons le résoudre.*
— *Quelles que* soient *vos difficultés, nous pouvons vous être utiles.*
— *Quelle qu'*ait *été la conduite de monsieur N..., nous ne saurions lui en tenir rigueur.*
— *Quels que* soient *les administrateurs de cette Société, nous constatons que la situation n'a pas changé.*

REMARQUE. Ne confondez pas QUEL QUE et QUEL-QUE. Le premier (en deux mots, dont le premier pourrait être quelle, quels, etc.) marque l'indifférence à l'égard d'une éventualité; le second (en un mot) est toujours suivi d'un adjectif, et entraîne également le subjonctif du verbe ÊTRE ou d'un verbe apparenté à ÊTRE.

— *Quelle que* soit *l'urgence de l'affaire, nous ne prendrons pas de décision sans étude préalable.*
— *Quelque urgente que* soit (*que* paraisse) *cette affaire, nous ne prendrons pas de décision etc.*

REMARQUE, § 17 à 20. Dans ces différentes situations, l'ordre de construction de la phrase est indifférent:

— Monsieur N... conservera notre estime quoi qu'il fasse.
— La situation de cette Société n'est pas des plus prospères, quoi que vous en disiez.
— Nous saurons résoudre votre problème, quel qu'il soit.

# LE SUBJONCTIF
## EN PROPOSITION SUBORDONNÉE

**21. Généralités.** Quand le choix entre l'indicatif et le subjonctif dépend de l'influence d'un verbe « recteur » (celui qui amène QUE et dirige vers l'un des deux modes le verbe qui suit QUE), plusieurs facteurs rendent difficile, sinon impossible, un classement satisfaisant.

a) Quelques-uns des verbes les plus usuels du français ne peuvent engendrer par eux-mêmes aucune subordination, et par conséquent aucun subjonctif. C'est le cas en particulier des auxiliaires AVOIR et ÊTRE.

— *J'ai qu'il vienne (ou : qu'il vient).

— *Je suis qu'il dise (ou : qu'il dit)

n'existent pas. Sont dans le même cas les « semi-auxiliaires » POUVOIR, DEVOIR, ALLER, VENIR.

Le semi-auxiliaire FAIRE ne peut amener directement un subjonctif que dans des exclamations marquant l'ordre ou la prière, qui appartiennent à la langue littéraire :

— *Seigneur, faites qu'il pleuve! Mon Dieu, faites qu'il me revienne!*

b) Le choix entre l'indicatif et le subjonctif peut dépendre de la modalité, affirmative, interrogative ou négative du verbe recteur :

— *Je crois qu'il vient (qu'il viendra, qu'il est venu, etc.).*
— *Je ne crois pas qu'il vienne (qu'il soit venu).*

— *Croyez-vous qu'il* vient *(qu'il viendra, qu'il est venu)* ?
— *Croyez-vous qu'il* vienne *(qu'il soit venu)* ?

Entre l'indicatif obligatoire de la modalité affirmative, et le subjonctif obligatoire de la modalité négative, les constructions interrogatives se tiennent dans une sorte de « zone franche », à l'intérieur de laquelle le « passage » de l'indicatif au subjonctif est laissé pour une bonne part à l'initiative du « locuteur ».

c) Des verbes très proches par le sens peuvent amener, l'un l'indicatif, l'autre le subjonctif.

— *J'espère qu'il* viendra *(qu'il* est *venu, etc.)* ;
— *Je souhaite qu'il* vienne *(qu'il* soit *venu, etc.)*.

Le passage de l'indicatif au subjonctif se fait ici avec une rigueur que l'éventuelle (et imperceptible) différence de sens ne peut expliquer. « J'espère qu'il vienne » et « Je souhaite qu'il viendra » ne sont pas réalisables en français, alors qu'une phrase telle que :

— Qu'il guérisse bientôt, je l'espère et je le souhaite !
est correcte.

d) Quelques verbes recteurs peuvent amener, en modalité affirmative, l'indicatif ou le subjonctif en fonction de légères différences de construction *(sembler)* ou de légères variations de sens *(supposer :* 1. imaginer que, 2. croire que, penser que) :

— *Il semble que tu* ailles *mieux.*
— *Il me semble que tu* vas *mieux.*
— *Je suppose qu'il* vienne.
— *Je suppose qu'il* viendra.

## NÉCESSITÉ, IMPORTANCE

**22.** Sont toujours suivis du subjonctif, les verbes qui expriment la nécessité, l'importance, l'urgence, etc. d'un événement.

— *Il faut que l'affaire se* fasse.
— *Faut-il que j'*écrive *à monsieur N...?*
— *Il* faudra *que nous en parlions un jour.*
— *Il ne fallait pas que la nouvelle se* répande (ou : se répan-dît, voir : concordance des temps, § **98**).

Le verbe IMPORTER (toujours impersonnel comme FALLOIR) entraîne le subjonctif.

— *Il importe que vous nous* expédiiez *ces marchandises dans les meilleurs délais.*
— *Peu importe que vous* pensiez *bien faire dans cette circonstance. ( Mais : peu importe ce que vous* pensez *à ce sujet ).*

**23.** De nombreuses locutions verbales impersonnelles (IL EST + adjectif) entraînent le subjonctif de « nécessité » :

— *Il est inévitable que la crise se* fasse *sentir dans notre entreprise.*
— *Il n'est pas nécessaire que vous* concluiez *l'affaire dès cette semaine.*
— *Est-il urgent que nous* proposions *la reprise des négociations ?*
— *Il était fatal que vous vous* rencontriez.
— *Était-il important que vous* revoyiez *monsieur N...?*

**24.** De même des locutions verbales: IL EST + groupe du nom:

— *Il est d'une extrême importance que nous* sachions *à quoi nous en tenir.*

Et toutes les constructions dans lesquelles interviennent les adjectifs considérés:

— *Il me semble important que vous* étudiiez *nos propositions.*

— *Nous considérons comme nécessaire que vous* soyez *informés de cette situation.*

**25.** Bien qu'elles expriment la nécessité ou la fatalité, les expressions: « Il est dit que, il est écrit que (il était, il sera...) » entraînent l'indicatif (futur ou conditionnel) à la modalité affirmative, le subjonctif à la modalité négative, l'un ou l'autre étant admis en interrogation:

— *Il est dit que je vous* trouverai *toujours sur mon chemin!*

— *Il était écrit que nous* travaillerions *ensemble.*

— *Il n'est pas dit que monsieur N...* intervienne *en ce sens.*

— *Est-il dit qu'il* vienne *(qu'il* viendra*) aujourd'hui?*

## VOLONTÉ

**26. Subjonctif** ou **infinitif**? — Pour toutes les constructions personnelles exprimant la volonté, le souhait, le contentement, on se souviendra que l'infinitif du verbe régi **remplace** normalement le subjonctif (ou l'indicatif) quand les deux verbes, recteur et régi, ont à la fois le même sujet réel (la personne qui agit) et le même sujet grammatical.

— *Voulez-vous* rencontrer *monsieur N...? (*Vous *rencontrerez monsieur N...*).

— *Voulez-vous que monsieur N... vous* rencontre?

— *Je suis heureux que vous m'*écriviez.

— *Je suis heureux de vous* lire *(*Je *vous lis).*

— *Notre Président a exprimé le souhait d'*être *tenu informé de ces négociations (*Il *sera tenu informé).*

— *Il désire également que monsieur N... lui* fasse *part de ses impressions.*

On évitera donc les constructions de la 3ᵉ personne qui pourraient prêter à confusion:

— *Il souhaite qu'il* soit *informé de toute modification...*

— *Il regrette qu'il ne* connaisse *pas cette adresse.*

Il est préférable de bien préciser:

— *Il souhaite* être *informé...*

— *Il souhaite que monsieur N...* soit *informé...*

— *Il regrette de ne pas* connaître *cette adresse.*

— *Il regrette que notre bureau ne* connaisse *pas cette adresse.*

**27.** Sont toujours suivis du subjonctif, les verbes qui expriment une volonté à l'égard d'une personne autre que le sujet, ou à l'égard de faits.

— *Je ne veux pas que vous m'en* disiez *davantage.*

— *Je veux qu'il* attende, *a déclaré le ministre.*

— *Nous exigeons que vous* poursuiviez *vos démarches.*

— *Le colonel a ordonné que vous* télégraphiiez *à l'État-Major.*

— *Est-ce qu'il veut que nous nous* pliions *à ses caprices?*

— *Le Président a donné des instructions pour que ce dossier lui* soit *présenté dès demain.*

— *Que voulez-vous que je vous* dise?

REMARQUE. On trouve également la construction:

— *L'État-Major ordonne que la 3ᵉ division* se portera *en avant.*

Elle est à déconseiller dans les textes courants.

**28.** La forme atténuée VOULOIR BIEN QUE entraîne le subjonctif quand elle exprime une volonté courtoise, l'indicatif quand elle exprime la reconnaissance d'un fait. Toutefois cet emploi de l'indicatif n'est pas général et il est plus sage de s'en tenir au subjonctif dans tous les cas.

— *Je veux bien qu'il* vienne *me voir.*

— *Je veux bien qu'il* soit *surchargé de travail (je l'admets).*

— *Je veux bien qu'il* est *surchargé de travail (je le reconnais).*

**29.** Sont suivis du subjonctif les verbes qui expriment une interdiction personnelle, un refus:

— *L'Administration a interdit que ces dossiers* soient *communiqués au public.*

— *Elle a refusé que nous en* prenions *connaissance.*

— *Je n'ai pas refusé que vous* rédigiez *cette note.*

Toutefois, on aura souvent avantage à utiliser des constructions infinitives ou nominales:

— *L'Administration a interdit la communication de ces dossiers.*

— *Elle a refusé de nous en laisser prendre connaissance.*

**30.** On distinguera la VOLONTÉ, positive ou négative, de la DÉCISION. En effet, les verbes qui expriment qu'une décision est prise, qu'une disposition est fixée, entraînent l'indicatif (futur ou conditionnel).

C'est le cas en particulier de: décider que, arrêter que, décréter que, juger que, conclure que, résoudre que (rare):

— *Le Tribunal arrête que monsieur N...* sera *rétabli dans ses droits.*

— *Notre société a décidé que vous* prolongerez *(prolongeriez) votre séjour à Liège.*

— *Nous en concluons qu'il* faut *reprendre les négociations.*

— *J'ai jugé que vous* seriez *plus utile à ce poste qu'à celui que vous occupiez précédemment.*

— *Le ministre a décrété que les dispositions de la loi du* 15.11.1957 *ne* s'appliquaient *(s'appliqueront, s'appliqueraient) pas aux faits visés.*

Toutefois les verbes: être décidé (à ce que), être disposé (à ce que), entraînent le subjonctif:

— *Nous étions tout à fait disposés à ce que madame N...* reprenne *ses fonctions.*

— *Êtes-vous décidé à ce que nous* prévoyions *une clause résolutoire à ce sujet?*

## DÉSIR, REGRET

**31.** Sont suivis du subjonctif les verbes (ou les locutions verbales) qui expriment un désir, un souhait, un vœu:

— *Souhaitez-vous que notre représentant vous* attende *à l'aéroport?*
— *Nous désirons vivement que ces fabrications* reprennent *sur de nouvelles bases.*
— *Nous ne tenons pas à ce que monsieur N...* intervienne *dans cette affaire.*
— *Mon désir est que chacun* se sente *à l'aise dans notre entreprise.*

**32.** De même, les verbes qui expriment le regret:
— *Notre Société regrette que vous n'*ayez pas jugé bon de *donner suite à ces offres.*

— *Le ministère déplore que ces recommandation* n'aient *pas* été suivies d'effet.
— *Nous sommes désolés que votre commande nous* parvienne *si tard.*

**33.** De même les verbes et les locutions verbales qui expriment le contentement ou le mécontentement, la satisfaction ou l'insatisfaction:

— *Je ne suis pas mécontent que vous vous* soyez *trouvé là.*
— *Nous sommes très satisfaits que vous* appuyiez *notre requête.*

— *Il est heureux qu'il* remette *ce projet à plus tard.*

— *J'ai été ravi que nous* puissions *nous rencontrer.*

— *Monsieur N... se réjouit (de ce) que vous* soyez *nommé à ce poste.*

— *Je souffre de ce que vous n'*ayez *pas le temps de m'écrire.*

REMARQUE. Ne confondez pas: DE CE QUE, locution conjonctive dans laquelle DE = du fait que..., et QUE entraîne le subjonctif, et DE CE QUE, locution relative, dans laquelle DE = au sujet de..., et QUE est un pronom auquel on peut substituer QUI.

— *Je souffre de ce que vous m'*ayez dit cela.

— *Je souffre de ce que vous m'*avez dit, *de ce qui m'a été dit à ce sujet.*

**34.** L'idée d'une préférence entraîne le subjonctif.

— *Il me paraît préférable que vous* vérifiiez *l'exactitude de cette information avant de la faire circuler.*

— *J'aime mieux qu'il* prenne *ses vacances maintenant.*

— *J'aurais préféré qu'il* ait raison.

REMARQUE. Pour exprimer une préférence négative, on fait porter généralement la négation sur le verbe régi, et non sur PRÉFÉRER.

— *Le docteur préfère que Catherine ne* sorte *pas pendant quelques jours.*

— *Il est préférable que vous ne* quittiez *pas Lyon, en septembre.*

Sont incorrectes les constructions :

— *Le docteur ne préfère pas que Catherine...*

— *Il n'est pas préférable que vous...*

**35.** En interrogation, la négation peut porter, soit sur le verbe (ou la locution) recteur, soit sur le verbe régi.

a) Tu ne préfères pas qu'il t'*écrive* lui-même?
b) Tu préfères qu'il ne t'*écrive* pas lui-même?

Comme on le voit, les sens « produits » sont inversés :

a) Tu préfères sans doute qu'il t'écrive.
b) Tu préfères sans doute qu'il ne t'écrive pas.

— *N'est-il pas préférable que vous* accueilliez *vous-même monsieur N... à l'aéroport?*

— *Est-il préférable que je* n'aille *pas moi-même à l'aéroport?*

La double négation est possible, mais lourde.

— *N'est-il pas préférable que nous* n'insistions *pas sur la question des brevets?*

**36.** TENIR À (ne pas tenir à...) se construit avec À CE QUE... et entraîne le subjonctif:

— *Notre Direction Générale tient à ce que ces instructions* soient *affichées dans toutes les filiales.*

— *J'ai tenu à ce que vous* puissiez *essayer sans retard notre dernier modèle.*

— *Notre bureau d'Études ne tient pas à ce que vous* communiquiez *ce projet à la Direction Commerciale.*

— *Tenez-vous à ce que ce dossier* soit *remis en mains propres?*

## RÉSULTAT RECHERCHÉ, ÉVITÉ

**37.** L'idée d'un résultat recherché, d'un but poursuivi, entraîne le subjonctif. L'introducteur le plus usuel est POUR QUE.

— *Nous faisons (avons fait, ferons) le nécessaire pour que cette livraison vous* parvienne *dans les meilleurs délais.*

— *Pour que ce travail* s'accomplisse *dans les meilleurs conditions, nous avons aménagé les horaires de l'atelier.*

— *Nous prenons des dispositions pour que monsieur N...* n'attende *pas trop longtemps une réponse.*

— *Écrivez-vous pour qu'on vous* lise *ou pour qu'on* parle *de vous?*

L'introducteur AFIN QUE, considéré comme littéraire et vieilli, reste cependant très correct.

— *Nous joignons à la présente quelques échantillons, afin que vous* puissiez *juger de la qualité de nos fabrications.*

**38.** Les constructions dans lesquelles l'introducteur est du type: LE BUT DE... EST QUE..., entraînent également le subjonctif. Le mot introducteur est: but, dessein, intention, objet, objectif, etc.

— *Le but poursuivi par nos services est que l'augmentation des prix en* 1979 ne soit *pas supérieure à celle de* 1978.

—*Notre objectif est que la production se* maintienne *au niveau antérieur.*

— *L'objet de cette journée d'études est que vous* rencontriez *les responsables de la vente.*

REMARQUE. On donnera aussi souvent que possible la préférence à des constructions infinitives ou nominales :

— *L'objet de cette journée d'études est de vous faire rencontrer les responsables de la vente.*
— *Notre objectif est le maintien de la production au niveau antérieur.*

**39.** L'idée du ou des moyen(s) mis en œuvre pour obtenir un résultat donné entraîne le subjonctif quand elle est introduite par : DE FAÇON QUE, DE MANIÈRE QUE.

— *Le système d'alarme est réglé de façon que le caissier* puisse *le déclencher sans être vu.*
— *Insérez la languette A dans la fente B de manière que les points C C'* soient *en regard.*
— *Vous disposerez les sièges de façon qu'on ne* voie *pas ce classeur.*

Toutefois, l'indicatif n'est pas exclu quand l'idée est celle d'une simple description, sans recherche d'un but :

— *Les meubles sont disposés de façon que la cheminée* est *toujours visible.*
— *Il se conduit d'une telle manière qu'on ne* sait *pas quoi penser de lui.*
— *Je m'arrangerai de manière que mes lettres te* parviendront *(te* parviennent*) régulièrement.*

REMARQUE. Les deux constructions: DE MANIÈRE QUE, DE FAÇON QUE... et: DE MANIÈRE À CE QUE, DE FAÇON À CE QUE... sont également employées et admises. La première a pour elle la tradition et la simplicité; la seconde est aujourd'hui plus habituelle.

La construction: À CE QUE... vient d'un croisement entre l'introducteur de l'infinitif:

— *Les meubles sont disposés de façon* à *masquer la porte,* et celui du subjonctif:

— *Disposez les meubles de façon* que *la porte soit masquée.*

À « usage » égal, la construction directe (de manière que...) nous paraît préférable.

**40.** Le passage du subjonctif à l'indicatif se fait généralement à travers la construction: EN SORTE QUE...

Elle entraîne le subjonctif quand on veut insister sur le résultat recherché:

— *Nos concurrents ont fait en sorte que nous ne* trouvions *plus ce modèle sur le marché.*

Si ce résultat est considéré comme acquis dès l'origine, présenté comme assuré et irréversible, l'indicatif est plus fréquent:

— *Notre service commercial a fait en sorte que vous* serez *satisfaits de votre achat.*

**41.** L'idée d'un *résultat à éviter*, d'une conséquence à empêcher, entraîne toujours le subjonctif. Elle est introduite — soit par les verbes recteurs: CRAINDRE QUE, ÉVI-

TER QUE, EMPÊCHER QUE, S'OPPOSER À CE QUE...

— soit par les locutions verbales: IL EST À CRAINDRE QUE, IL EST INÉVITABLE QUE... etc.

— soit par les locutions conjonctives: DE CRAINTE QUE, DE PEUR QUE... etc.

On notera que le subjonctif reste de règle même quand ces verbes ou ces locutions verbales sont employés en modalité négative, bien que le sens final soit alors qu'une conséquence ne peut pas être évitée, donc qu'elle est certaine.

— *Nous (ne) craignons (pas) que cette concurrence* nuise *au lancement de notre article.*

— *Il est à craindre que cette fabrication ne* puisse *être poursuivie.*

— *J'éviterai qu'il* vienne *vous importuner.*

— *Vous ne pourrez pas éviter que monsieur N... (n')* apprenne *la vérité un jour ou l'autre.*

— *Rien n'empêche que vous* fassiez *part de vos projets à monsieur N...*

— *Il faut empêcher avant tout que la Société X... (n')*intervienne *dans cette affaire.*

— *Nous (ne) nous opposons (pas) à ce que vous* essayiez *de reprendre contact avec ce client.*

— *Nous nous permettons de vous relancer, de peur que vous ne* laissiez *passer la date d'échéance de votre prime.*

— *Ces marchandises seront acheminées par voie ferrée, de crainte que les routes ne* soient *impraticables cet hiver.*

## ACCEPTER, CONTESTER

**42.** L'idée de l'acceptation (ou de la non-acceptation) d'un fait certain ou envisagé, entraîne le subjonctif.

— *L'Administration a accepté que nous* utilisions *ce mode de calcul.*

— *Vous trouverez bon que nous nous* passions *désormais de vos services.*

— *Nous ne pouvons tolérer que ce règlement* soit *encore remis à une date indéterminée.*

Le verbe ADMETTRE (QUE) entraîne le subjonctif en négation et en interrogation, de même que la locution verbale: IL (N') EST (PAS) ADMISSIBLE, IL EST INADMISSIBLE (QUE).

— *Admettez-vous qu'il se* permette *de telles réflexions?*

— *Nous n'admettons pas que vous* travailliez *pour des concurrents.*

— *Il est inadmissible que vous n'*ayez *pas relu ce texte.*

En affirmation, ADMETTRE QUE entraîne l'indicatif quand il a clairement le sens de: reconnaître, constater que...

— *J'admets qu'il* a *de grandes qualités.*

— *J'admets que vous* pouvez *être mécontent de cette situation.*

La locution EN ADMETTANT QUE, entraîne le sub-jonctif:

— *En admettant que les essais en vitesse réelle* soient *concluants, l'industrialisation du véhicule poserait un autre problème.*

— *La situation de l'entreprise restera difficile, en admettant même qu'elle* puisse *trouver des concours financiers.*

VOULOIR BIEN: voir § **28**.

**43.** Avec le verbe: APPROUVER (NE PAS APPROU-VER), la construction nominale est généralement préférable:

— *Nous approuvons la prise en charge des frais de cette mission par le service des « Relations extérieures »*

plutôt que:

— *Nous approuvons que les frais de cette mission soient pris en charge par le service des « Relations extérieures ».*

La construction infinitive également, quand elle est possible:

— *Nous vous approuvons d'avoir tenu monsieur N... informé de ces démarches.*

Quand ces constructions ne sont pas possibles, le verbe régi par APPROUVER est toujours au subjonctif:

— *Notre Directeur a approuvé que vous vous* rendiez *la semaine prochaine à Francfort.*

— *Je n'approuve pas que vous* ayez préféré vous rendre à *Francfort.*

Subjonctif également pour les verbes régis par la locution verbale: IL EST, IL N'EST PAS OPPORTUN, INOP-PORTUN.

— *Il serait opportun qu'un ingénieur de votre Bureau d'Études* vienne *étudier cette machine sur place.*

— *Le gouvernement considère qu'il n'est pas opportun que des démarches officielles* soient *entreprises en ce sens.*

De même derrière: IL EST, IL N'EST PAS EXCLU QUE...

— *Il est exclu que nous* puissions *prendre une décision à ce sujet avant un mois.*

— *Il n'est pas exclu que j'*aille *à New York le mois prochain.*

**44.** CONTESTER QUE, DOUTER QUE, NIER QUE, S'OPPOSER À CE QUE... entraînent le subjonctif en modalité affirmative;

— *Nous contestons que ces marchandises nous* aient *été livrées en bon état.*

— *Notre service financier doute que vous* soyez *en mesure de tenir ces engagements.*

— *L'accusé nie qu'il se* soit *trouvé chez X... ce jour-là.*

— *Le bon sens s'oppose à ce que notre Société* revienne *sur ce qui a été convenu.*

La négation entraîne généralement le subjonctif.

— *Nous ne contestons pas que vous* ayez *commandé ces marchandises.*

— *Je ne doute pas que vous n'*interveniez *en ce sens.*

— *L'Administration ne s'oppose pas à ce que nous nous* acquittions *des sommes dues en trois mensualités.*

**45.** Toutefois, l'indicatif peut se substituer au subjonctif quand l'affirmation ou la négation d'un doute équivalent en fait à l'énonciation d'une certitude.

— *Notre service financier doute que vous* serez *en mesure de tenir ces engagements.*

— *Je ne doute pas que vous* interviendrez *en ce sens.*

— *Il est incontestable que l'accusé* était *ce soir ce jour-là chez X...*

— *Il n'est pas douteux que ces marchandises* ont été *livrées en bon état.*

**46.** L'interrogation entraîne généralement le subjonctif.

— *Vous opposez-vous à ce que nous* payions *ces sommes en plusieurs mensualités?*

— *Votre client conteste-t-il que sa commande* ait été *enregistrée en temps voulu?*

Mais l'indicatif peut marquer que la réponse à la question posée est évidente.

— *Contestez-vous que vous* étiez *absent ce jour-là?*

— *Pouvez-vous nier que cette lettre vous* a *bien été remise?*

## ÉVENTUALITÉ

**47.** L'éventualité, l'hypothèse, s'expriment soit par SI suivi de l'indicatif, soit par QUE suivi du subjonctif. Les deux constructions peuvent être pratiquement de même valeur et s'employer indifféremment :

— *Que je vous y* prenne, *et vous aurez de mes nouvelles.*
— *Si je vous y* prends, *vous aurez de mes nouvelles.*
— *Qu'il* vienne *me voir, et nous réglerons cette question.*
— *S'il* vient *me voir, nous réglerons cette question.*

Cependant, dans la 1$^{re}$ (SI + indicatif), l'éventualité est énoncée comme indifférente : elle n'est ni souhaitée, ni repoussée, ni même attendue :

— *S'il vient me voir = au cas où il viendrait me voir...*

Dans la seconde (QUE + subjonctif), deux propositions sont juxtaposées ; la 1$^{re}$ (QUE...) exprime un souhait, un désir ; la seconde (ET...) présente la conséquence de la réalisation de ce souhait.

**48.** Derrière QUE... OU QUE..., SOIT QUE... SOIT QUE..., deux ou plusieurs éventualités conduisant à une même conséquence sont exprimées au subjonctif (voir § **17**).

— *Que nous* traitions *avec la Société X..., ou que nous* donnions *la préférence à la Société Y..., nos actionnaires devront en être informés.*

— *Il importe peu que vous* écriviez *le premier à monsieur N..., que celui-ci vous* écrive, *ou qu'il n'y* ait *aucun échange de correspondance entre vous et lui.*

— *Vous serez couvert de vos frais, soit que vous* preniez *l'avion soit que vous* préfériez *le train.*

**49.** Quand une première éventualité (ou condition), exprimée par SI... + indicatif, est suivie d'une seconde introduite par ET QUE..., cette « condition de second rang » est exprimée au subjonctif.

— *Si vous vous rendez à Francfort, et qu'il vous* soit *possible de rencontrer monsieur N..., faites-lui part de notre satisfaction.*

— *Si cet accord était signé, et qu'il vous* permette *d'étendre vos activités, nous envisagerions ensemble de nouveaux développements.*

**50.** De même (subjonctif) si plusieurs conditions de second rang se succèdent; la dernière seule est introduite par ET QUE, mais toutes entraînent le subjonctif.

— *Si vous désirez faire construire, que vous* disposiez *d'un terrain convenable, et que vous* ayez *des revenus stables, notre banque vous aidera à réaliser votre projet.*

De même, la condition de second rang présentée comme alternative à la première et introduite par OU QUE, entraîne le subjonctif:

— *Si notre Société s'intéresse à ce projet, ou que nous* convenions *d'en confier l'étude à une tierce personne, les frais engagés vous seront remboursés par nos soins.*

**51.** Derrière A (LA) CONDITION QUE..., l'usage actuel impose le subjonctif.

— *Nous honorerons les engagements pris à condition que vous* abandonniez *toute prétention à l'exclusivité.*

*— Ce contrat pourra être revalorisé, à la (seule) condition que la première échéance* ait été réglée *à bonne date.*

**52.** L'idée d'une condition restrictive peut être introduite par les locutions: DANS LA MESURE OÙ... et: POUR AUTANT QUE... La première est toujours suivie de l'indicatif:

*— Nous sommes (serons) heureux d'honorer votre commande dans la mesure où la situation de nos stocks nous le* permet *(permettra).*

*— Tu gagneras au jeu dans la mesure où tu ne* joueras *pas.*

*— J'ai été heureusement surpris dans la mesure où je* m'attendais *au pire.*

La seconde est suivie de l'indicatif quand la restriction exprimée résulte d'un fait connu ou assuré:

*— Nous entreprenons (entreprendrons) la fabrication de ce matériel pour autant que nous* disposons *(disposerons) de l'outillage nécessaire.*

*— Cette clause n'est valable que pour autant qu'elle* a été demandée *par le client lui-même.*

**53.** Quand la condition restrictive contient en puissance l'idée qu'il est ou qu'il sera impossible de remplir cette condition, POUR AUTANT QUE... entraîne le subjonctif:

*— Pour autant que nous* puissions *en juger, les résultats de monsieur N... sont satisfaisants.*

*— Nos ventes se développent favorablement, pour autant que nous le* sachions.

— *Nous entreprenons la fabrication de ce matériel, pour* *autant que nous* disposions *de l'outillage nécessaire.*

REMARQUE. Ces trois exemples comportent l'idée: nous ne sommes pas en mesure de juger les résultats de monsieur N...; nous ne savons pas comment progressent nos ventes; nous ne disposons pas de l'outillage nécessaire.

Le passage de l'indicatif au subjonctif est donc lié à une appréciation d'ensemble du contexte et des intentions du rédacteur. L'idée d'une « restriction dans la restriction » permet généralement de faire un choix.

SOUS RÉSERVE QUE..., entraîne le subjonctif et plus rarement l'indicatif dans les mêmes conditions d'emploi que *pour autant que...*

## RESTRICTION

**54.** Le passage de la condition restrictive à la *restriction* correspond à l'écart de sens entre POUR AUTANT QUE... et À MOINS QUE... Cette seconde locution amène l'idée qu'un résultat recherché ne sera pas atteint si une condition donnée n'est pas remplie, et est toujours suivie du subjonctif.

— *Nous serons dans l'obligation d'entamer des poursuites,* *à moins que vous ne* fassiez *un effort pour vous acquitter.*

— *C'est son frère, à moins que ce ne* soit *son cousin.*

— *Il m'écrira à moins que vous ne lui* téléphoniez *avant.*

On peut également considérer comme marquant la restriction les propositions introduites par SANS QUE..., toujours suivi du subjonctif:

— *Il est sorti sans que je le* voie.

— *Il nous est impossible de vous répondre sans que vous nous* ayez *communiqué le dossier.*

— *Il lui a écrit sans que tu le* saches.

— *On ne peut rien dire sans qu'il vous* interrompe.

REMARQUE. L'usage *écrit* actuel est de plus en plus favorable à l'emploi de NE dans cette construction. Comme on le constate par les exemples ci-dessus, ce NE est le plus souvent inutile, et parfois inacceptable, même quand la première proposition est de sens négatif:

— *Il n'a pas pu sortir sans que je le* voie.

— *Il est sorti sans que personne* puisse *dire où il allait.*

On réduira donc le plus possible l'emploi de NE aux cas où il apparaît vraiment indispensable à la clarté ou à l'équilibre de la phrase.

**55.** Les propositions introduites par BIEN QUE..., QUOIQUE... MALGRÉ QUE..., amènent l'idée qu'un fait énoncé (« Bien qu'il pleuve ») produit un résultat ou une conséquence contraires à celui ou celle qui est habituellement attendu(e) (« il est sorti sans parapluie »).

Elles expriment donc bien une « restriction » de sens: quand il pleut, tout le monde prend un parapluie SAUF... ce monsieur.

Bien qu'il soit donné comme certain, le fait introduit par BIEN QUE... etc., est donc énoncé au subjonctif.

— *Bien que vous* ayez *encaissé ce chèque, nous n'avons pas encore reçu la marchandise correspondante.*

— *Je suis sans nouvelles de lui, bien que je lui* écrive *régulièrement.*

— *Bien que nous* veillions *soigneusement à la qualité de nos envois, une erreur a pu être commise.*

REMARQUE. Évitez, dans une rédaction soignée, d'employer QUOIQUE ou MALGRÉ QUE: le premier manque d'élégance (quoiqu'il = couac'il), le second vous attirera les foudres de l'Académie; et quoi qu'il en soit, ni l'un ni l'autre n'en disent plus que BIEN QUE.

REMARQUE 2. Pour: quoique, quoi que, voir § **18**.


## DU POSSIBLE AU CERTAIN

**56.** L'idée de la POSSIBILITÉ qu'un événement se produise, ou ne se produise pas, entraîne toujours le subjonctif.

— *Il se peut que l'Administration* admette *le bien fondé de notre réclamation.*

— *Nous considérons comme tout à fait possible que les affaires* reprennent *cet été.*

— *Il peut se faire que vous* rencontriez *monsieur N... et qu'il* soit *étonné de vous voir à Francfort.*

— *Il arrive que ces envois* aillent *au rebut sans avoir été ouverts.*

— *Est-il vraiment impossible que nous nous* entendions *à ce sujet ?*

— *Il est exclu que je* fasse *le premier pas.*

**57.** L'idée de CHANCE(S) ou de RISQUE(S) entraîne le subjonctif quel que soit le degré exprimé, positif ou négatif, de chance ou de risque.

— *Il n'y a aucune chance (pour) que ce projet* soit *accepté.*

— *Il y a de grandes chances (pour) que ces négociations* puissent *aboutir bientôt.*

— *Nous risquons que le tribunal* admette *la thèse de nos adversaires.*

— *Il n'y a guère de risque (pour) que le taux d'intérêt* revienne *à son niveau antérieur.*

— *Y a-t-il une chance (pour) que vous* ayez *terminé les essais lundi ?*

— *Vous mettrez fin à l'expérience s'il existe un risque (pour) qu'elle* compromette *la sécurité du personnel.*

REMARQUE. L'usage actuel tend à introduire *pour* dans ces dernières constructions. Cet usage n'est pas fautif, mais la construction directe nous paraît préférable.

**58.** L'idée de HASARD entraîne plutôt le subjonctif. L'indicatif est préférable quand le fait produit par le hasard est donné comme certain.

— *Le hasard a voulu qu'il* aille *à Liège le mois dernier, et que nous le* rencontrions.

— *C'est un hasard qu'il* soit *venu aujourd'hui.*

— *Le hasard fait que nous nous* rencontrons *de temps à autre.*

**59.** PROBABILITÉ. Le passage de l'indicatif au subjonctif se fait entre: *assez* (*probable*) et *peu*.

— *Il est très probable qu'il* viendra.

— *Il est assez probable que monsieur N... nous* répondra *dans les jours qui viennent.*

— *Il est peu probable que monsieur N... nous* réponde *dans les jours qui viennent.*

IMPROBABLE entraîne le subjonctif, quel que soit le sens final qu'il reçoit d'une affirmation ou d'une négation:

— *Il est tout à fait improbable que le ministre* soit *disposé à négocier avec les syndicats.*

— *Il n'est pas du tout improbable que le ministre* soit *disposé à négocier avec les syndicats.*

L'emploi en interrogation est rare, et entraîne plutôt le subjonctif:

— *Croyez-vous probable que le ministre* vienne*?*

**60.** VRAISEMBLANCE. Le passage de l'indicatif au subjonctif se fait, comme pour la probabilité, entre *assez* et *peu*.

— *Nous considérons comme (très) vraisemblable que la natalité française* continuera *à décroître.*

— *Il est assez vraisemblable que la concurrence* se fera *plus vive dans les mois à venir.*

— *Il est peu vraisemblable que la concurrence* se fasse *plus vive dans les mois à venir.*

INVRAISEMBLABLE entraîne le subjonctif, comme IMPROBABLE.

— *Il est invraisemblable que monsieur N...* ait *tenu ces propos.*

— *Il n'est pas invraisemblable que M*ᵐᵉ *N...* ait *tenu ces propos.*

En interrogation, le subjonctif est habituel:

— *Est-il vraisemblable que l'accusé* ait *vécu six mois caché dans un grenier?*

**61.** CERTITUDE. Le passage de l'indicatif au subjonctif se fait dès qu'apparaît l'idée d'une négation possible de la certitude. Il est marqué par: *guère, pas très, peu*, ce dernier est rare.

— *Il est à peu près certain que notre Société* acceptera *ces propositions.*

— *Nous considérons comme presque évident que les taux d'intérêt* seront *relevés à bref délai.*

— *Il n'est guère évident que monsieur N...* soit *le candidat le plus qualifié à ce poste.*

— *Il n'est pas (très) certain que cette fabrication* convienne *à nos besoins.*

La même règle s'applique aux constructions personnelles: Je suis certain (convaincu, persuadé, etc.).

— *Notre Société est persuadée qu'il* est *possible d'améliorer la gestion de cette filiale, et que des bénéfices* seraient (seront) *alors dégagés.*

— *Nous ne sommes pas convaincus que la solution proposée* soit *la meilleure.*

— *Je ne suis pas certain, pour ma part, qu'il* faille *s'engager dans cette voie.*

Toutefois l'indicatif en modalité négative n'est pas incorrect, et est même à recommander, quand le fait considéré comme non-certain dans l'avenir a pour point de départ un fait acquis dans le présent:

— *Nous ne sommes pas certains que cette fabrication* conviendra (conviendrait) *à vos besoins (sous-entendu: mais la décision paraît prise).*

— *Le ministre ne paraît nullement persuadé que les mesures proposées* amélioreraient (amélioreront) *la situation (sous-entendu: le ministre est convaincu que ces mesures seront adoptées).*

En interrogation, l'indicatif est plus habituel. Toutefois, le subjonctif n'est pas exclu.

— *Êtes-vous certain que cette lettre lui* est *bien parvenue?*
— *Est-il prouvé que ce matériel* appartient *à la Société N...?*
— *Est-il certain que notre agent se* rende *à Francfort?*


## SUPPOSITION, OPINION

**62.** On distinguera l'HYPOTHÈSE-ÉVENTUALITÉ (voir § 47) de l'HYPOTHÈSE-SUPPOSITION, examinée dans les paragraphes suivants. La 1re est de la forme: *Si A..., alors B...*, dans laquelle A représente l'éventualité ou la condition qui entraîne la réalisation de B. La seconde présente simplement une vue de l'esprit relativement à un fait possible parmi d'autres.

**63.** De façon générale, les verbes ou locutions verbales qui expriment la supposition entraînent le subjonctif quand ils sont employés négativement ou interrogativement.

— *Nous n'imaginons pas que la Société N...* revienne *à une plus juste appréciation de la situation, ni que nous* puissions *modifier sa façon de voir.*

— *Je ne suppose pas qu'il* puisse *s'élever un désaccord entre nous à cet égard.*

— *L'Administration intéressée ne conçoit pas que notre Société* ait *avantage à utiliser ce mode de calcul.*

— *Monsieur N... suppose-t-il que nous* envisagions *de lui retirer cette mission?*

— *Imaginez-vous un instant que nous* puissions *procéder à des licenciements sans en avoir discuté avec les syndicats?*

— *Il n'est pas imaginable que vous* soyez *(que tu* sois*) resté(s) si longtemps sans nouvelles de lui.*

— *Il n'est pas concevable que la Société N... ne* fasse *aucun effort en ce sens, et que nous* n'enregistrions *aucune amélioration à cet égard.*

Toutefois, pour marquer plus fortement le caractère improbable du fait exprimé par le verbe régi, le conditionnel se substitue au subjonctif.

— *Je ne suppose pas qu'il* pourrait *s'élever un désaccord entre nous.*

— *Monsieur N... suppose-t-il que nous* envisagerions *(etc.).*

— *Imaginez-vous un instant que nous* pourrions *(etc.).*

Le conditionnel laisse alors entendre que le fait n'est supposé, imaginé, que « pour la forme » :

— *Il ne s'élèvera pas de désaccord entre nous.*
— *Nous n'envisageons pas de retirer à Monsieur N...*
— *Nous ne pouvons pas procéder à des licenciements, etc.*

**64.** Employés affirmativement, les verbes de supposition entraînent l'indicatif quand la supposition formée ne comporte aucune suite prévisible; en quelque sorte, quand elle ne comporte aucune part d'hypothèse-éventualité.

— *Monsieur N...? Je suppose qu'il* est *encore à Londres.*

— *Nous supposons que la rédaction de cet avenant ne vous* pose (posera, a posé) *aucun problème.*

— *Nous supposons que vous* êtes *maintenant en possession de notre envoi du* 19.11.

— *J'imagine qu'il* reçoit *de l'argent de sa famille.*

L'idée d'une conséquence entraînée par la supposition permet généralement de choisir entre les deux modes. Toutefois, l'indicatif est plus habituel; en particulier, il est seul possible avec le verbe *présumer*.

— *Je présume que vous* êtes *monsieur N...?*

— *Nous présumons que cette lettre ne vous* est *pas encore parvenue.*

Les verbes de supposition entraînent toujours l'indicatif quand ils sont situés dans le passé, et que la supposition exprimée par le verbe régi ne s'est pas réalisée.

— *Nous supposions que vous* seriez *informé* (*que vous* auriez été) *de ces difficultés par les soins de notre agent de Marseille.*

— *Nous avions supposé que vous* étiez *en mesure de nous fournir ces renseignements.*

— *J'ai supposé qu'il ne* prendrait *pas la peine de nous répondre.*

— *Pierre s'était imaginé qu'il* trouverait *du travail dès sa sortie de l'École.*

— *Vous imaginiez peut-être que ce contrat* pouvait (pourrait) *être signé le jour même?*

Ils entraînent le subjonctif quand la supposition formée produit (ou produira, ou pourrait produire) une conséquence proche, exprimée ou sous-entendue, amenée par les formules (explicites ou implicites): *dans ce cas..., alors...*

— *Supposons que Monsieur N... nous* dise *la vérité et* soit *bien informé: (dans ce cas...)*

— *Je suppose que vous* partiez *pour Londres après-demain; (dans ce cas...).*

— *Imaginez qu'il* reçoive *de l'argent de sa famille, tout serait bientôt dépensé.*

Le verbe CONCEVOIR est généralement suivi du subjonctif. Cependant, comme *comprendre* (voir § **73**), il peut entraîner l'indicatif quand il a le sens de: *se rendre compte (que)*, et non de: supposer, comprendre.

— *Je conçois que vous* soyez *déçu par cette décision.*

— *Vous concevez certainement que nous* sommes *très déçus par votre attitude.*

Toutefois, ces nuances de sens étant discutables, il est préférable de s'en tenir au subjonctif qui est toujours correct en affirmation derrière ce verbe.

## AFFIRMER, NIER, PROMETTRE

**65.** L'idée d'une affirmation positive entraîne l'indicatif, y compris quand le fait affirmé par le verbe régi est lui-même en modalité négative.

— *Monsieur N... nous a affirmé que la Société X...* était (est, sera) *en mesure de reprendre bientôt ses activités.*

— *Vous nous affirmez que vous* avez *pris des dispositions à cet effet et que vous* pourrez *vous acquitter bientôt de cet arriéré.*

— *Je vous assure que nous* avons *fait le nécessaire et que ce règlement vous* parviendra *bientôt.*

— *L'Administration des Douanes certifie que le lot mentionné* a bien fait *l'objet d'une déclaration et qu'il n'est frappé d'aucune interdiction de vente.*

— *Le ministre a confirmé que la question* était *à l'étude et qu'une enquête* serait *lancée auprès des riverains de l'aéroport.*

— *Notre représentant en Italie soutient qu'il* a reçu *des instructions en ce sens.*

— *Cette personne prétend que vous ne l'avez pas informée de l'existence d'une clause résolutoire, et qu'elle* a signé *ce contrat sans en soupçonner l'existence.*

REMARQUE. Quand PRÉTENDRE a le sens de « vouloir, exiger que... » il entraîne le subjonctif.

— *Ce client prétend que le déjeuner lui* soit servi *dans sa chambre.*

**66.** Pour un certain nombre de verbes de connaissance ou d'affirmation, l'emploi en négation n'est pas très usuel. Il entraîne de préférence l'indicatif. Tels sont: ANNONCER, APPRENDRE, AVERTIR, CONSTATER, DÉCLARER, PARIER, RECONNAITRE.

Le subjonctif reste correct en concurrence avec l'indicatif, quand le fait allégué n'est encore ni certain ni prouvé.

— *Notre adversaire ne reconnaît pas qu'il* a *(qu'il* ait*) profité indûment des études réalisées par nous.*

— *Nous n'avons pas constaté que la gestion de l'entreprise* se soit *(se serait) améliorée.*

— *Je n'affirme pas que monsieur N...* veuille *manquer à ses engagements.*

— *Il n'est pas certifié par les experts que ce tableau* soit *bien de Picasso.*

— *Notre Service Contentieux ne prétend pas que vous* deviez *encore les loyers d'octobre et de novembre.*

— *Je ne prétends pas que le déjeuner me* soit *servi dans la chambre.*

Toutefois l'indicatif n'est pas rare quand le fait qui n'est pas affirmé, prétendu, etc., est cependant présenté comme ayant été ou pouvant être vrai.

— *Je ne vous certifie pas que ce meuble* est *bien du* 18ᵉ *siècle.*

— *Il n'est pas confirmé que cet envoi* a *bien été fait dans les délais réglementaires.*

Même possibilité (subjonctif, ou indicatif) en modalité interrogative; l'indicatif est cependant plus usuel.

— *Confirmez-vous que monsieur N... s'est* **bien** *présenté à votre domicile le* 13 *janvier?*

— *Avez-vous certifié que le document contesté* était **bien** *authentique?*

— *Soutiendrais-tu que monsieur N... nous* a *trompés?*

**67.** NIER et DÉMENTIR entraînent généralement le subjonctif.

— *Je n'ai pas nié que des offres nous* aient *été faites en ce sens.*

— *L'accusé persiste à nier qu'il se* soit *rendu chez les N... ce jour-là.*

— *Le porte-parole du ministère a démenti que des pourparlers* aient *été engagés à ce sujet.*

— *Madame N... ne dément pas qu'elle* veuille *effectivement engager une procédure de divorce.*

Toutefois, l'indicatif est correct, quand la « négation de la négation » équivaut clairement à une affirmation.

— *Je ne nie pas que des offres nous* ont *été faites en ce sens.*

— *Le ministère ne dément pas que des pourparlers* ont *été engagés à ce sujet.*

**68.** Pour les verbes ou locutions verbales exprimant l'idée d'un engagement à faire quelque chose, le passage de l'indicatif au subjonctif se fait entre: PROMETTRE (QUE...) et: S'ENGAGER (À CE QUE), en modalités affirmative et interrogative.

a) Indicatif:

— *Notre fournisseur nous a promis que nous* serions *livrés la semaine prochaine.*

— *Avez-vous promis à monsieur N... qu'il* serait *compris dans la prochaine promotion?*

b) Subjonctif:

— *Le ministère s'est engagé à ce que les Associations inté-ressées* puissent *obtenir les crédits nécessaires.*

— *Nous sommes-nous engagés à ce que la Société X...* obtienne *ce contrat?*


## HABITUEL, EXCEPTIONNEL

**69.** Le caractère plus ou moins habituel ou exceptionnel d'un événement s'exprime généralement au moyen d'un adjectif (habituel, rare, banal, normal, légitime, etc.), ou d'un participe (surprenant, étonnant, stupéfiant, surpris, étonné, etc.), soit dans des constructions impersonnelles:

— Il est rare *qu'il soit absent plus de huit jours.*

— Il n'est pas habituel *que les ventes reprennent à cette saison.*

— Est-il légitime *que vous vous réserviez cette commis-sion?*

Soit dans des constructions personnelles:

— Nous sommes surpris *que vous n'ayez pas encore répondu à notre courrier du* 18.11.

— Je ne suis pas étonné *qu'il veuille quitter la France.*

Toutes ces expressions entraînent le subjonctif.

— *Nous ne sommes pas habitués à ce que nos collaborateurs nous* fassent *défaut dans les périodes difficiles.*

— *Il nous paraît normal que les coûts de ce programme* soient *supportés également par nos deux Sociétés.*

— *Je trouve scandaleux que vous n'*ayez *pas obtenu cette indemnité.*

— *Il est courant que l'on* doive *indemniser des clients mécontents.*

— *Il n'est vraiment pas banal qu'un chien* soit *mordu par un homme.*


## ATTENTE

**70.** Les verbes ou les locutions verbales qui expriment l'attente d'un événement, ou l'étonnement ou la surprise devant un événement, entraînent le subjonctif du verbe régi.

— *Nous attendrons que monsieur N... nous* fasse *connaître ses intentions à ce sujet.*

— *Les services du ministère s'attendent à ce que le nombre des candidatures* soit *exceptionnellement élevé.*

— *Je m'attends à ce qu'il* vienne *d'un jour à l'autre.*

— *Vous attendez-vous à ce qu'il* prenne *une décision?*

REMARQUE. Les constructions du type :

— *Je m'attends qu'il* fera *beau demain.*

— *Nous nous attendons qu'une forte hausse se* produira *sur les matières premières,*

sont vieillies, affectées, et doivent être évitées.

## CAUSE ET CONSÉQUENCE

**71.** L'idée de cause entraîne l'indicatif, que cette cause soit véritable ou supposée.

— *Je vous quitte parce que j'*ai *un rendez-vous urgent.*

— *Étant donné que nos stocks* sont *épuisés dans cette taille, il nous est impossible de vous donner satisfaction.*

— *La maison N... refuse de nous livrer, sous prétexte que nous n'*avons *(n'*aurions*) pas réglé leur dernière facture.*

— *Dès lors que vous* avez *décidé de partir, je n'essaierai pas de vous convaincre.*

Toutefois, l'idée d'une cause que l'on écarte (d'une cause faussement supposée) peut être introduite par la construction: *non que..., ce n'est pas que...,* qui entraîne le subjonctif:

— *Je suis plutôt optimiste ; non pas que les affaires* aillent *particulièrement bien du reste.*

— *Ce n'est pas que nous* craignions *une baisse des ventes, ni que nous* soyons *inquiets pour l'avenir ; mais...*

Ces constructions sont rares dans l'usage courant.

**72.** L'idée d'une conséquence qui n'a pas été recherchée, ou que l'on n'a pas cherché à éviter, entraîne généralement l'indicatif. Pour le résultat recherché ou évité, voir § **37** et **41**.

— *La conférence s'est prolongée si tard que monsieur N... n'*a *pas pu vous recevoir.*

— *Les chutes de neige ont été si fortes que nos camions* n'ont *pas pu sortir du garage.*

— *La conséquence de ces erreurs de gestion est que la Société X... a cessé de distribuer des bénéfices, et que les investissements* ont *été suspendus.*

— *Le départ de monsieur N... aurait pour conséquence que les banques* cesseraient *de faire confiance à notre Société.*

**73.** Quand la conséquence attendue ne s'est pas produite, ou quand il est affirmé qu'elle ne se produira pas, le système se déplace à la fois vers le futur (pour la proposition principale) et vers le subjonctif (pour la subordonnée):

— *Si fortes que* soient *les chutes de neige, nos camions* sortiront *du garage.*

— *Si tard que* se soit *prolongée la conférence, monsieur N...* pourra *vous recevoir.*

— *Si grand que* soient *les rois, ils* sont *ce que nous sommes.*

Ces constructions équivalent à deux propositions reliées par *(et) pourtant*: la conférence s'est prolongée très tard, et pourtant monsieur N... vous recevra.

Elles sont également comparables aux constructions étudiées au § 55: («Bien qu'il *ait* beaucoup neigé, bien qu'il *soit* très tard), auxquelles elles ajoutent l'expression d'un degré de la cause non-agissante. On peut aussi les comparer à ces propositions de cause « inversée »:

— *Comme la conférence s'*est *prolongée, je ne pourrai pas recevoir monsieur N...*

— *Je ne recevrai pas monsieur N... parce que la conférence s'*est *prolongée très tard.*

— *Bien que la conférence se* soit *prolongée...*

— *Si tard que se* soit *prolongée la conférence...*

## SAVOIR, COMPRENDRE

**74.** En règle générale, SAVOIR, IGNORER et OUBLIER sont suivis de l'indicatif après QUE, à l'interrogation et à la négation comme à l'affirmation.

— *Vous savez sans doute que nos bureaux* sont *transférés à Lyon.*

— *Monsieur N... ignore-t-il que cet article n'*est *pas fabriqué en France?*

— *J'ignorais que vous* aviez *changé de situation.*

— *Vous n'avez pas oublié que notre prochain Conseil se* tenait *(*se tient, se tiendra*) au début d'avril?*

— *Vous n'ignorez pourtant pas que le nouveau règlement* est *entré en vigueur?*

— *Tu n'oublieras pas que tu* dois *rappeler Pierre?*

REMARQUE. Aux temps passés de: IGNORER, et de la modalité négative de: SAVOIR (je ne savais pas...), la tradition littéraire marque une certaine préférence pour l'emploi du subjonctif (imparfait) dans la subordonnée:

— *J'ignorais qu'il* fût *si tard.*

— *Nous ne savions pas que son état* eût *empiré.*

Ces emplois nous paraissent trop affectés pour des textes courants. En tout cas, il convient de les limiter à la 3ᵉ personne du singulier des verbes « être » (qu'il fût) et « avoir » (qu'il eût).

**75.** Après COMPRENDRE QUE... le choix entre l'indicatif ou le subjonctif dans le second membre de phrase, est souvent difficile, l'un et l'autre pouvant être également corrects.

Le subjonctif est beaucoup plus fréquent. Il est de règle quand COMPRENDRE a le sens de: admettre que..., approuver que..., être sensible au fait que..., etc. (y compris en négation et en interrogation).

— *Nous comprenons que vous* souhaitiez *un emploi plus actif...*

— *Je ne comprends pas qu'il se* permette *de telles fantaisies.*

— *Je comprends qu'il ne* puisse *pas s'absenter en ce moment.*

— *Monsieur N... comprendra que nous* désirions *le rencontrer le plus tôt possible.*

— *Notre Conseil d'Administration comprend (comprendrait) que vous* renonciez *à la clause d'arbitrage.*

— *Comprenez-vous qu'il* ait *quitté Paris si brusquement?*

— *Vous comprendrez certainement que nous ne* puissions *pas répondre favorablement à une telle demande.*

**76.** Cependant l'indicatif est correct après COMPRENDRE QUE..., dans les conditions suivantes:

a) quand *comprendre* a le sens de: saisir, interpréter, compter que, avoir dans l'idée que...

b) quand *comprendre* est à un temps passé.

c) quand *comprendre* est suivi de *bien*.

Les exemples qui suivent doivent cependant être interprétés avec prudence: ils représentent des cas relativement rares.

— *J'ai bien compris que cette lettre ne* doit *(ne* devait*) pas être envoyée avant mardi.*

— *Je n'avais pas compris que vous* arriveriez *lundi dernier.*

— *Notre Conseil a bien compris que vous* désirez *prendre une participation dans cette affaire.*

— *Vous comprenez bien qu'il nous* est *impossible de (que nous ne* pouvons *pas) répondre favorablement à une telle demande.*

La construction: *je crois* (tu crois, il croit, etc.) *comprendre que...* entraîne généralement l'indicatif.

— *Nous* croyons *comprendre que vous* partez *bientôt?*

— *Notre Conseil d'Administration* croit *comprendre que vous* renoncez *à la clause d'arbitrage.*

— *Monsieur N...* avait cru *comprendre que vous* étiez (seriez) *disposé à le rencontrer.*

## DIRE QUE, CROIRE QUE

**77.** Les verbes ou locutions verbales qui expriment, soit l'opinion portée sur un fait (CROIRE QUE..., PENSER QUE..., ÊTRE D'AVIS QUE..., ESTIMER QUE..., etc.), soit l'aboutissement de cette opinion dans une affirmation (DIRE QUE..., AFFIRMER QUE..., etc.) entraînent généralement l'indicatif du verbe régi en modalité affirmative.

— *Nous croyons que la solution retenue* est *(était) la meilleure.*

— *Les milieux bancaires pensent que le placement de ces obligations* sera *(ne sera pas) difficile, et que l'émission* devrait *être close sous peu.*

— *Nous sommes d'avis que les prix de vente actuels ne* peuvent *pas rester bloqués plus longtemps.*

— *Le ministère affirme que l'enquête entreprise n'a rien révélé d'anormal.*

Toutefois, ÊTRE D'AVIS QUE... et S'EXPLIQUER QUE..., entraînent le subjonctif.

— *Notre Conseil est d'avis que des études* soient *dès maintenant engagées en ce sens.*

— *Je m'explique que tu* partes *si tôt et que tu ne* reviennes *pas avant demain.*

**78.** En modalité négative du verbe recteur, le subjonctif est de règle.

— *Il est à peine croyable que de tels scandales* puissent *se produire.*

— *Nous ne pensons pas que la grève* puisse *se prolonger encore plus d'une semaine.*

— *Je ne vous dis pas qu'il* soit *facile de travailler avec monsieur N..., ni que je m'*attende *à une amélioration de nos rapports.*

— *Je n'estime pas qu'il* ait *commis une erreur.*

— *Notre expert-comptable ne pense pas qu'il* faille *constituer une provision à cet effet.*

**79.** Quand l'opinion, l'estimation ou le jugement portés sur un fait éventuel sont eux-mêmes présentés comme une éventualité, et précédés de SI, cette supposition entraîne le subjonctif du verbe régi.

— *Si nous pensions que cette expérience* puisse *avoir des conséquences malheureuses, nous ne la ferions pas.*

— *Si je croyais que tu* dises *la vérité, je t'écouterais avec plaisir.*

Toutefois, dans le cas de: ESTIMER, l'indicatif est plus habituel:

— *Si vous estimez qu'il* est *plus facile pour vous de traiter directement, faites-le nous savoir.*

— *Vous dédommagerez votre client si vous estimez qu'il* a *subi un dommage.*

**80.** En interrogation, le subjonctif est plus habituel:

— *Croyez-vous qu'il* veuille *vraiment poursuivre l'expérience?*

— *Penses-tu qu'il* revienne *bientôt à Bruxelles?*

On n'oubliera pas cependant que la modalité interrogative est en quelque sorte « tiraillée » entre l'affirmation (indicatif) et la négation (subjonctif). Il est donc impossible de fixer des règles précises et strictes:

— *Croyez-vous qu'il* voudrait (accepterait *de*) *poursuivre l'expérience?*

— *Penses-tu qu'il* reviendra *bientôt à Bruxelles?*
sont des phrases aussi correctes que les précédentes (qu'il *veuille*, qu'il *revienne*).

## PENDANT, APRÈS, AVANT QUE...

**81.** Le choix entre l'indicatif et le subjonctif dans les phrases exprimant l'idée qu'un fait se passe (s'est passé, se passera) dans un certain rapport temporel avec un autre (pendant, après, avant un autre), est parfois difficile.

Rappelons d'abord que la subordination *grammaticale* introduite par QUE est sans rapport avec la subordination de *sens*.

Dans:

— *Je verrai monsieur N... avant qu'il (ne) parte,*
— *Je le verrai dès qu'il sera arrivé,*

les actions de PARTIR (le départ de monsieur N...), ou d'ARRIVER (l'arrivée de monsieur N...), sont grammaticalement subordonnées à mon action de *voir* ce monsieur. Mais, au point de vue du sens, c'est l'action de *voir* qui est subordonnée au départ ou à l'arrivée de monsieur N...

Rappelons également que le mode (indicatif ou subjonctif) du verbe grammaticalement principal (dans notre exemple, *voir*) est indifférent dans le choix du mode de la subordonnée.

— *Il faut que je* voie *monsieur N... avant qu'il (ne) parte.*
— *Je veux* voir *monsieur N... dès qu'il sera arrivé.*

**82.** D'une façon générale, le fait subordonné s'exprime à l'indicatif quand il se produit en même temps que le fait principal:

— *Monsieur N... est sorti* en même temps que *tu arrivais.*

— Pendant que *vous téléphonerez, je bavarderai avec monsieur N...*

— *L'incendie s'est déclaré* en même temps que *les employés quittaient l'immeuble.*

— Au fur et à mesure que *nos invités arriveront, ils seront accueillis par nos hôtesses.*

— *Monsieur N... est passé vous voir* alors que *vous étiez sorti.*

— *Vous me préviendrez* toutes les fois que *ce monsieur se présentera ici.*

— Chaque fois que *j'essaie de vous joindre, votre ligne est occupée.*

— *Nous ne pouvons rien faire* tant que *nous n'avons pas reçu votre dossier.*

— *Ces commandes seront honorées* tant que *l'article figurera à notre catalogue.*


**83.** Quand le fait principal et le fait subordonné ont le même point de départ dans le temps, le fait subordonné s'exprime à l'indicatif:

— *La situation a beaucoup évolué* depuis que *nous avons signé cette convention collective.*

— *Nous vous téléphonerons* aussitôt que *nous serons fixés à ce sujet.*

— *Monsieur N... s'est rendu à Londres* dès qu'*il l'a pu.*

— *J'étudie votre proposition* dès que *j'ai un instant libre.*

— *Vous aviez* à peine *quitté votre bureau* que *monsieur N... vous a appelé.*

**84.** L'idée de l'ATTENTE d'un fait considéré comme éventuel, entraîne le subjonctif.

— *Nous attendrons que vous* puissiez *nous confirmer votre commande.*

— *En attendant que nous* reprenions *cette conversation, je vous demande de lire cette lettre.*

— *D'ici (à ce) que monsieur N...* prenne *sa retraite et vous* transmette *ses pouvoirs, vous aurez appris bien des choses.*

REMARQUE. Bien qu'elle soit correcte, la forme: d'ICI QUE... paraît familière, et n'est pas conseillée dans une rédaction soignée.

— *Le temps que vous* arriviez, *tout sera en ordre.*

— *Nous vous demandons de conserver votre poste jusqu'à ce que nous* ayons *désigné votre remplaçant.*

— *Continuez à proposer cet article jusqu'à tant que nos stocks* soient *écoulés.*

REMARQUE. 1) Évitez d'employer: « jusqu'à tant que... » dans un texte écrit; cette forme est considérée comme négligée.

2) En tout cas, ne l'écrivez pas: « jusqu'à temps que... ».

3) En revanche, la construction: « jusqu'au temps où... » est correcte, mais trop littéraire pour des textes courants; il est plus sage de l'éviter également.

**85.** Le fait subordonné dans le temps à un autre par AVANT QUE... s'exprime au subjonctif. Les deux faits peuvent être situés dans l'avenir:

— *Je vous communiquerai ce dossier avant que vous (ne)* partiez *pour Francfort.*

— *Il est indispensable que nous nous rencontrions avant que l'Assemblée générale (ne) se* tienne.

— *Le gouvernement estime qu'aucune hausse du prix du pétrole ne sera annoncée avant que les pays producteurs (ne) se* soient *concertés.*

— *L'Administration exige que les sommes dues au titre de* 1976 soient *payées avant que nous (ne) présentions une demande de transaction pour* 1977.

— *Avant que l'orateur (ne)* conclue *son exposé, je voudrais lui demander quelques précisions.*

**86.** C'est dans cette situation (les deux faits se succèdent dans un avenir plus ou moins proche), que l'usage actuel tend de plus en plus à introduire un NE dit « explétif ». Celui-ci se justifie dans une certaine mesure au point de vue du sens: le fait subordonné par AVANT QUE ne peut pas se réaliser, succéder au fait principal, si celui-ci n'est pas accompli d'abord.

— Ne partez pas *pour Franfort si je ne vous ai pas communiqué d'abord ce dossier!*

— *L'assemblée générale* ne devrait pas *se tenir si nous ne nous sommes pas rencontrés d'abord.*

— Ne présentez pas *de demande de transaction si vous n'avez pas payé d'abord les sommes dûes.*

Ici encore, il paraît difficile de faire « cavalier seul » contre un usage qui a sa raison d'être. Veillez du moins à éviter toute ambiguïté du sens.

**87.** Les deux faits (principal et subordonné par *avant que*) peuvent être situés dans le passé.

— *Il est sorti avant que j'*aie *le temps de le saluer.*

— *Notre catalogue était distribué avant que nous (n')*apprenions *les nouvelles dispositions relatives à l'étiquetage des produits.*

— *Nous connaissions la position de monsieur N... bien avant qu'il (n')*écrive *à notre Direction.*

Bien que l'emploi du NE explétif soit moins explicable dans cette situation, puisque les deux faits sont considérés comme réalisés et que, par conséquent, aucune interdiction ne puisse plus s'appliquer à l'un d'eux, l'usage tend à l'imposer également ici.

REMARQUE. Rappelons que seule la construction : AVANT DE + Infinitif, est correcte quand les deux actions (verbe recteur et verbe régi) ont pour sujet réel la même personne :

— *Avant de prendre ses fonctions à Lille, monsieur N... représentait notre Société à Nice.*

Quand chaque action a pour sujet réel une personne différente, la construction AVANT QUE + subjonctif, est obligatoire.

**88.** Le fait subordonné dans le temps à un autre par APRÈS QUE s'exprime normalement à l'indicatif. On peut ici distinguer trois rapports temporels :

Les deux faits se situent dans le passé. Le fait subordonné s'exprime au passé simple ou composé.

— *Votre femme a téléphoné juste après que vous* étiez *sorti.*

— *Après que les badauds se* furent *éloignés, la querelle reprit de plus belle.*

— *Je l'ai vu un peu après qu'il* eut *pris ses fonctions à la Société N...*

— *Votre règlement nous est parvenu cinq mois après que ces marchandises vous* eurent (ont) *été livrées.*

C'est dans cette situation que l'usage actuel tend de plus en plus à substituer le passé du subjonctif au passé de l'indicatif.

— *Votre femme a téléphoné juste après que vous* soyez *sorti.*

— *Je l'ai vu un peu après qu'il* ait *(qu'il* eût*) pris ses fonctions à la Société N...*

— *Votre règlement nous est parvenu cinq mois après que ces marchandises vous* aient *été livrées.*

Il paraît difficile de revenir sur cette « faute » très générale, et que les meilleurs écrivains ont commise souvent... On s'efforcera, sans illusion, de maintenir l'indicatif, en particulier en évitant de porter l'accent sur le U de : il EUT, il FUT :

— *Après que la police se* fut *éloignée (indicatif)... plutôt que :*

— *Après que la police se* fût *éloignée (subjonctif)...*

Évitez surtout les formes autres que : il eut, il fut, c'est-à-dire : après que je *fusse* sorti, après que vous *eussiez* signé cette lettre, après qu'ils *eussent* quitté Paris. Elles sont non seulement fautives, mais prétentieuses et lourdes.

**89.** Quand les deux faits se situent dans l'avenir (telle chose se passera après que telle autre se sera passée), le fait subordonné s'exprime au futur antérieur.

— *Vous m'en parlerez après que monsieur N... vous* aura *transmis le dossier.*

— *Nous reprendrons cette conversation après que vous* aurez *visité nos locaux.*

— *Le personnel rejoindra son poste de travail après que l'exercice d'alerte* sera *terminé.*

Dans cette construction, il est facile d'éviter le subjonctif (qui serait fautif, et qui n'est pas imposé par l'usage). Dans bien des cas d'ailleurs, une construction nominale est possible et préférable :

— *Nous reprendrons cette conversation* après la visite...

— *Le personnel reprendra son poste* après la fin *de l'exercice...*

**90.** Il peut arriver que l'un des faits soit situé dans le présent, et l'autre (subordonné par APRÈS QUE) dans le passé.

— *Il est difficile de renoncer au plaisir de la lecture après qu'on y* a *goûté.*

— *Chaque jour, après que j'*ai *pris mon café, Madame N... m'apporte le journal.*

Ici encore, le subjonctif est possible dans l'usage actuel :

— *Après qu'on y* ait *goûté, après que j'*aie *pris mon café.*

Essayez toutefois de n'employer que l'indicatif.

**91.** C'est également l'indicatif (et non le subjonctif) qu'il faut employer derrière : AUSSITÔT QUE..., SITÔT

QUE..., UNE FOIS QUE... La règle est alors généralement respectée; en effet, l'analogie entre *avant que* (toujours avec le subjonctif) et *après que*, ne joue pas pour entraîner l'emploi fautif du subjonctif.

— *J'ai informé monsieur N... de ce changement aussitôt que j'en* ai *été moi-même prévenue.*

— *Vous me faites monter les journaux aussitôt que vous* êtes *arrivé.*

— *Renvoyez-moi ce document sitôt que vous le* pouvez (pourrez).

— *Sitôt que le patron* fut *sorti, M$^{lle}$ N... éclata de rire.*

— *Une fois que vous* aurez *terminé ces comptes, je vous confierai une autre mission.*

— *Vous me ferez signe sitôt que vous* serez *libre.*

Remarque. Ne confondez pas: SITÔT QUE..., équivalent de: dès que... et: SI TÔT QUE... dans lequel *tôt* est adjectif, et signifiant: d'aussi bonne heure que + subjonctif.

— *Si tôt que je* sois *levé, ma concierge est encore levée avant moi.*

— *Sitôt que je* suis *levé, je prépare mon café au lait.*

En emploi positif, *sitôt que* a vieilli. Il est préférable d'utiliser: *aussitôt que.* En revanche, on ne peut employer que *sitôt* pour exprimer la négation.

— *Le facteur n'est pas sitôt arrivé que M$^{lle}$ N... réclame son courrier.*

— *Vous ne serez pas sitôt parti que tout le monde vous regrettera.*

**92.** TANDIS QUE... et ALORS QUE... entraînent l'indicatif, qu'ils marquent la simultanéité dans le temps :

— *Feuilletez donc cette brochure tandis que je* recevrai *ce monsieur.*

— *Monsieur N... passera vous voir tandis que vous* êtes *encore là.*

— *Il est venu à Paris alors que j'*étais *à Bruxelles.*
ou l'opposition entre deux actions :

— *Michel est directeur commercial tandis que Pierre n'*est *qu'agent des ventes.*

— *Nous sommes spécialisés dans le revêtement de sol, alors que nos concurrents n'*ont *pas d'expérience en ce domaine.*

# LE SUBJONCTIF
## DANS LES PROPOSITIONS RELATIVES

**93.** Les propositions relatives étudiées dans les paragraphes qui suivent, présentent les caractères suivants:

a) Elles sont introduites soit par les pronoms relatifs QUI, QUE, DONT, OÙ, AUQUEL (à laquelle, auxquels, auxquelles); soit par le relatif LEQUEL (laquelle, lesquels, lesquelles), combiné à une préposition: *avec lequel, sans lequel, pour lequel*, etc.; soit par le relatif DUQUEL (de laquelle, desquels, desquelles) combiné à une préposition: *autour, à côté, en avant, à l'occasion duquel*, etc.

b) Le pronom relatif qui entraîne le subjonctif a le plus souvent pour antécédent un nom complément direct du verbe d'une proposition principale; souvent un nom attribut de *être*.

**94.** Le subjonctif s'emploie dans ces relatives en concurrence avec l'indicatif, et particulièrement avec le conditionnel. Il n'est obligatoire que très exceptionnellement. C'est le sens qui l'amène, et d'une façon générale ce sens doit pouvoir se réduire à: *tel que (telle que, tels que, telles que)* pour entraîner le subjonctif.

Les exemples qui suivent donneront une idée de ces emplois au subjonctif, sans qu'on puisse véritablement parler de règles:

1) — *Notre entreprise offre une situation exceptionnelle à un cadre supérieur qui* connaisse *la gestion par objectifs, qui* sache *se faire apprécier du personnel, et qui* puisse *à l'occasion accompagner notre P.D.G. dans ses déplacements.*

*N.B.* Il faut comprendre: « un cadre tel qu'il connaisse, qu'il sache, qu'il puisse... ». Le conditionnel serait correct:

— *Notre entreprise offre une situation exceptionnelle à un cadre supérieur qui* connaîtrait *la gestion par objectifs, qui* saurait *se faire apprécier du personnel, et qui* pourrait *accompagner notre P.D.G. dans ses déplacements.*

Mais le subjonctif est plus habituel, sans qu'il y ait de différence sensible de « valeur » entre les deux.

2) — *Nous recherchons à votre intention un poste que vous* puissiez *occuper à notre satisfaction et dans lequel vous* donniez *toute votre mesure.*

*N.B.* Le conditionnel est possible: un poste que vous *pourriez* occuper... dans lequel vous *donneriez*, etc. Mais il fait apparaître cette recherche comme plus difficile, plus hasardeuse, qu'avec le subjonctif. Le futur est également possible: *un poste que vous* pourrez *occuper et dans lequel vous* donnerez... La réalisation de la conséquence est alors donnée comme presque certaine: vous pourrez (à coup sûr) occuper ce poste.

3) — *Achetez une voiture* dont *vous* soyez *sûrs, et* dont *vous* connaissiez *toutes les possibilités.*

— *N'ayez que des amis* dont *on vous* dise *du bien, et* dont *on vous* fasse *l'éloge.*

Sens: « *une voiture telle que... des amis tels que...* »

4) — *Nous vous demandons de choisir un hôtel* où *nous* puissions *vous joindre facilement.*

*N.B.* Dans l'exemple ci-dessus, le conditionnel, le futur et même le présent de l'indicatif sont également possibles, avec des nuances de sens (plus ou moins grande éventualité de réalisation de l'action):

— *Nous vous demandons de choisir un hôtel où nous* pourrions, *où nous* pourrons, *où nous* pouvons *vous joindre…* Mais le subjonctif reste le mode le plus conforme à la bonne tradition.

**95.** Le subjonctif est également plus habituel que l'indicatif dans des constructions comportant l'un des adjectifs: SEUL, PREMIER, DERNIER, sous la forme: X est LE SEUL QUI, LE SEUL QUE, LE SEUL DONT; ou LE PREMIER QUI, LE DERNIER QUI, etc.

— *C'est le seul film qui vous* fasse *vraiment oublier vos soucis.*

— *Vous êtes le seul candidat qui* réponde *à nos besoins.*

— *Vous êtes la seule femme qui me* comprenne *et que je* comprenne.

— *Monsieur N… est le seul collaborateur dont je* sois *absolument satisfait.*

— *« Excella » est la première machine automatique dont nous* soyons *pleinement satisfaits.*

— *Maubeuge est la dernière ville que j'*aie *visitée.*

— *C'est la dernière offre que nous* puissions *vous faire.*

— *Monsieur N… est le dernier représentant qui* sache *se faire des amis.*

— *Les seules machines-outils qui* aient *obtenu un réel succès sont les tours automatiques « Perfecta ».*

— *« Robusta », la seule voiture qui* tienne *ses promesses.*

*N.B.* On remarquera la différence avec:

— *« Robusta », la voiture qui* tient *ses promesses.*

**96.** Ces emplois du subjonctif valent également pour les constructions comportant les pronoms relatifs: DUQUEL, AUQUEL, AVEC LEQUEL (LAQUELLE, LESQUELS, etc.).

— *C'est le seul de mes collègues avec lequel je* sois *vraiment lié.*

— *C'est la seule pièce de la maison dans laquelle je me* sente *à l'aise.*

— *Vous êtes le premier auquel je* puisse *annoncer la nouvelle.*

**97.** La construction négative: IL N'Y A QUE N... QUI (QUE, DONT, etc.), entraîne généralement le subjonctif:

— *Il n'y a que ce complet qui m'*aille.

— *Il n'y a que Monsieur N... que je ne* connaisse *pas encore.*

— *Il n'y a que lui dont personne ne* dise *du mal.*

— *Il n'y a que vous avec qui je me* plaise *à bavarder.*

De même, la construction restrictive: Il y a peu de...

— *Il y a peu de machines qui* puissent *vous donner satisfaction.*

— *Il y a peu de livres que je* lise *avec plaisir.*

# L'IMPARFAIT DU SUBJONCTIF
## ET LA CONCORDANCE DES TEMPS

**98.** Pour marquer l'époque, absolue ou relative, à laquelle se passe l'action signifiée par un verbe, le subjonctif dispose de *temps* verbaux, comme l'indicatif. Mais, alors que les temps passés de celui-ci sont très couramment employés, ceux du subjonctif ne le sont pas au même degré.

Le **passé composé** du subjonctif, formé avec « avoir » ou « être », s'emploie normalement dans les mêmes conditions que le passé composé de l'indicatif :

— *Je crois qu'il* est venu, *je ne crois pas qu'il* soit venu. Ses formes et ses emplois ont été décrits dans les pages qui précèdent.

L'**imparfait** du subjonctif, et son **plus-que-parfait** (que l'on pourrait nommer son « imparfait composé »), ne sont plus en usage dans le français parlé courant. On les entend encore, soit dans du français « de discours » (qui est en fait un français écrit et lu), soit dans des usages régionaux.

Cependant, il reste indispensable de connaître et de savoir employer à bon escient les quelques formes de ces deux temps (imparfait et « imparfait composé » du subjonctif) qui sont encore la « marque » d'un français de bonne qualité dans la rédaction du courrier commercial ou de textes administratifs et informatifs. Nous traiterons donc successivement des *formes* puis des *emplois* conseillés de ces deux temps, comme nous l'avons fait pour le présent et le passé du subjonctif.

## LES FORMES

**99.** D'une façon générale, les formes de l'imparfait du subjonctif opposent une troisième personne du singulier (il, elle), toujours marquée de l'accent circonflexe (qu'il eût, qu'il fût, qu'il fît, qu'il aimât, etc.), à toutes les autres personnes, marquées par la présence d'un double S: que j'euSSe, que vous fuSSiez, que tu aimaSSes, qu'ils concluSSent, etc.).

Ces formes en *asse, isse, usse, assiez*, etc. n'ont par elles-mêmes rien de choquant. Le fait est cependant qu'elles sont généralement tenues pour ridicules quand elles indiquent l'imparfait du subjonctif. Comparez:

— *J'aurais souhaité que vous* vissiez *ce spectacle* (subjonctif).

— *Je voudrais que vous* vissiez *un peu mieux cet écrou* (indicatif). Ou encore:

— *J'ai remarqué que vous* passiez *et* repassiez *devant cette maison* (indicatif).

— *Il aurait fallu que vous* pesassiez *cette lettre avant de la poster* (subjonctif).

**100.** En revanche, les formes de la 3ᵉ personne du singulier des deux auxiliaires et de quelques verbes très usuels, se rencontrent encore et méritent d'être connues, sinon employées.

AVOIR: (que) j'eusse, etc.; qu'il *eût*.

ETRE: (que) je fusse, etc.; qu'il *fût*.

FAIRE: qu'il *fît*; DIRE: qu'il *dît*; VOULOIR: qu'il *voulût*; POUVOIR: qu'il *pût*; SAVOIR: qu'il *sût*; DEVOIR: qu'il *dût*, etc.

## LES EMPLOIS

**101.** On ne peut employer l'imparfait du subjonctif que dans les conditions où l'on aurait employé le présent (du subjonctif), et seulement pour marquer un rapport de « temporalité », d'époque, entre l'action signifiée par le verbe recteur, et celle qui est signifiée par le verbe régi. Ainsi, dans les exemples suivants, la première construction (avec un subjonctif présent) est acceptable et correcte, la seconde (avec un imparfait du subjonctif) est considérée comme plus soignée :

1) *Nous avions pris toutes nos dispositions pour que Monsieur N... soit accueilli à l'aéroport et qu'il ait le temps de visiter la ville.*

— *Nous avions pris toutes nos dispositions pour que Monsieur N... fût accueilli à l'aéroport et qu'il eût le temps de visiter la ville.*

2) *Notre Président a vivement regretté que vous* soyez *reparti avant d'avoir pu le rencontrer.*

— *Notre Président a vivement regretté que vous* fussiez *reparti avant d'avoir pu le rencontrer.*

3) *Je ne croyais pas que Monsieur N...* soit *si désireux de collaborer avec notre Société* (ou: ait été).

— *Je ne croyais pas que Monsieur N...* fût *si désireux de collaborer avec notre Société.*

**4)** *Notre Conseil d'Administration n'a pas cru bon d'engager des poursuites contre Monsieur N..., bien qu'il ait été informé depuis un an de ses agissements.*

— *Notre Conseil d'Administration n'a pas cru bon d'engager des poursuites contre Monsieur N... bien qu'il* fût *informé depuis un an de ses agissements.*

**102.** L'imparfait du subjonctif, tout au moins à la 3$^e$ personne du singulier des auxiliaires AVOIR et ETRE, s'emploie également derrière un conditionnel, présent ou passé, pour marquer qu'une action souhaitable n'a pas eu lieu, ou risque de ne pas se produire.

— *Il serait souhaitable que le gouvernement* fût *mieux informé des difficultés de notre profession.*

— *Il nous serait agréable que l'administration* eût *une appréciation plus juste de ce problème.*

Ici encore, le subjonctif présent est parfaitement correct. D'une façon générale, on n'emploiera l'imparfait du subjonctif qu'avec beaucoup de prudence.

# INDEX *

---

* Les chiffres renvoient aux paragraphes.

# TABLE DES MATIÈRES

# NOTES